AF286053

Jörg Sczepek

PhotoFührer USA Südutah

PhotoFührer USA Südutah

TEXT UND PHOTOGRAPHIEN
VON JÖRG SCZEPEK

Manche der in diesem Buch beschriebenen Örtlichkeiten erfordern die Anreise durch abgeschiedene Gegenden. Die dabei zu bewältigenden Wege können schwierig oder gefährlich sein. Dies unternehmen Sie auf eigene Gefahr und daher sollten Sie sich vor Antritt des Weges immer vor Ort nach den Bedingungen erkundigen. Als Autor kann ich für etwaige Verletzungen oder Unglücke, die Sie erleiden wenn Sie den Angaben in diesem Buch folgen, keine Haftung übernehmen. Alle Informationen sind sorgfältig geprüft worden. Für Vollständigkeit und Richtigkeit kann jedoch keine Haftung übernommen werden. Darüber können die Informationen in diesem Buch überholt sein können, wenn Sie es lesen.

Das Titelbild zeigt den Delicate Arch im Arches National Park. Die Abbildungen auf der hinteren Umschlagseite zeigen North und South Window, ebenfalls Arches National Park (oben), das Bryce Amphitheater im Bryce Canyon NP (mitte) sowie einen Kartenausschnitt der Island in the Sky Mesa im Canyonlands NP.

Bibliografische Information der Deutschen Nationalbibliothek
Die Deutsche Nationalbibliothek verzeichnet diese Publikation in der Deutschen Nationalbibliografie; detaillierte bibliografische Daten sind im Internet über dnb.dnb.de abrufbar.
Die automatisierte Analyse des Werkes, um daraus Informationen insbesondere über Muster, Trends und Korrelationen gemäß §44b UrhG („Text und Data Mining") zu gewinnen, ist untersagt.

© 2024 Jörg Sczepek

Verlag: BoD • Books on Demand GmbH, In de Tarpen 42, 22848 Norderstedt
Druck: Libri Plureos GmbH, Friedensallee 273, 22763 Hamburg

ISBN: 978-3-7597-6807-0

Inhalt

Das Reisegebiet 6 - 7

**Joshua Tree Natural Area
Snow Canyon State Park** 8 -
11

**Zion
National Park** 12 - 29
Zion Canyon 17 - 22
Die Mesa 23
Great West Canyon 23 - 26
Kolob Reservoir Road 26 - 27
Die Kolob Canyons 27 - 29

**Coral Pink Sand Dunes
State Park** 30 - 31

**Smithonian Butte
Scenic Backway** 31 - 32

**Bryce Canyon
National Park** 33 - 44

**Cedar Breaks
National Monument** 45 - 47

Die Scenic Route 12 48 - 59
Red Canyon 49 - 50
Cottonwood Canyon Road 50 - 51
Willis Creek/Bull Valley Gorge 51
Kodachrome Basin SP 51 - 54
Round Valley Draw 54 - 55
Grosvenor Arch 55
Cottonwood Wash Narrows 55 - 56
Escalante Petrified Forest SP 56 - 57
Calf Creek Recreation Area 57 - 58

**Capitol Reef
National Park** 61 - 71
Route 24 62 - 65
Scenic Drive 65 - 67
Waterpocket Fold /
Burr Trail 67 - 71

Cathedral Valley 71 - 75

**Goblin Valley
State Park** 76 - 77

**Slotcanyons im
San Rafael Reef** 78 - 80

**Moab
und Umgebung** 84 - 89
Colorado River Scenic Byway 85 - 87
La Sal Mountain Loop 87
Potash Road / Shafer Trail 87 - 89

**Arches
National Park** 89 - 99

**Dead Horse Point
State Park** 100 - 101

**Canyonlands
National Park** 102 - 116
Island in the Sky Mesa 104 - 107
White Rim 107 - 109
Die Needles 110 - 115
Horseshoe Canyon Unit /
Great Gallery 115 - 116

**Newspaper Rock State
Historical Park** 117

**Natural Bridges
National Monument** 118 - 121

Anhang 124 - 130
Glossar 124
Klimadaten 125 - 127
Sonnendaten 128 - 129
Vollmond / Neumonddaten 129
Kartenlegende 130

Das Reisegebiet

Das Colorado Plateau umfasst 377 000 km². Es erstreckt sich über die Südhälfte Utahs und die Nordhälfte Arizonas sowie Teile von Colorado und New Mexico. Es ist keine Ebene, wie der Name vermuten lässt, sondern gleicht einer flachen Schüssel mit einer durchschnittlichen Höhe von 1500 m, durchstoßen und aufgewölbt von vulkanischen Erhebungen und zerschnitten von den Schluchten der großen Flüsse Colorado, Green River, Escalante und San Juan. Überall auf dem Plateau herrscht eine unglaubliche topologische und morphologische Vielfalt der in vielen Farben variierenden Tafelberge, Schluchten, Brücken, Bogen, Klippen, Pfeiler, Säulen, Dome, Türme und Spitzen. Im Zuge der Auffaltung der Rocky Mountains vor 17 Millionen Jahren wurde das vor allem aus weichem Sedimentgestein bestehende Gelände auf seine heutige Höhe angehoben – eine wichtige Voraussetzung für die Entstehung von so tiefen Canyons – und dabei von Wellungen, Verschiebungen und Brüchen erfasst, welche die Wind- und Wassererosion soweit begünstigten, daß sie im Verlauf der letzten 5 Millionen Jahre jene wunderbare Canyonlandschaft formen konnte, die wir heute sehen. Der unterschiedlichen Widerstandskraft des Gesteins verdanken wir solche Exoten wie die Balanced Rocks und geologische Extreme wie die Slot Canyons. Ein Ziel sollte es sein, im Bild deutlich zu machen, dass der Formenschatz dieser durch ihre Unzugänglichkeit weitgehend unberührten Naturlandschaft nicht statisch ist, sondern dass der Erosionsprozess dynamisch fortschreitet: Einschnitte von 30 cm Tiefe in den vergangenen 100 Jahren sind keine Seltenheit, und wenn die Natur weiter so erosiv verfährt, wird sich die heute bizarre Canyonlandschaft in einigen Millionen Jahren zu einer flachen Ebene auf der Höhe des Meeresspiegels wandeln.

In einem Gebiet wie diesem bereist man nicht nur einen Teil Amerikas oder der USA im weiteren Sinne, sondern viel mehr einen aufregenden Teil der Erdgeschichte, in dem die Prozesse vom Entstehen und Vergehen des Landes und der Landschaft so deutlich werden wie kaum sonst irgendwo auf der Erde. Vulkanismus, Plattentektonik, Gebirgsauffaltung und Erosion durch Wind oder Wasser sind hier keine Fremdwörter im Lexikon, sondern greifbar, beobachtbar, geradezu fühlbar. Lassen Sie sich darauf ein: Mit ein wenig geologischem Hintergrundwissen erschließt sich dem Auge ein über den offensichtlichen Formenschatz hinausgehender, reizvoller Motivraum.

Die weite Spanne der Höhenlagen des Colorado Plateaus erschwert die Wahl der Reisezeit, denn ist es im Frühjahr in den Niederungen gerade angenehm, sind die höheren Regionen noch in Schnee gepackt. Frühjahr (Mitte April bis Mitte Juni) und Herbst (Oktober und November) sind gute Kompromisse aus Temperatur und Wetterbeständigkeit. Der Reiz des Frühlings liegt im Wasserüberfluss, der die Landschaft für kurze Zeit ergrünen und viele Wildblumen gedeihen lässt, sowie im Vorteil der gegenüber dem Herbst längeren Tage. Aber auch dann können in den Hochlagen Schneefälle überraschen, oder es ist an den Nachmittagen bewölkt und regnerisch. – Beides keine guten Voraussetzungen für einen photographisch wirkungsvollen Sonnenuntergang! Der Sommer ist frei von solchen Allüren. Die Tage und Abende krönt ein wolkenlosblauer Himmel, aber dafür locken Temperaturen jenseits der 35 °C eher in den Schatten als in gute Aufnahmepositionen. Auch gilt er durch die US-Sommerferien als Hauptreisezeit, in der die Parks allesamt überlaufen sind. Der Herbst lockt mit ebenfalls stabilen Wetterlagen und blauem Himmel am Tage sowie kühlen Nächten. Als Bonus können Sie die Laubfärbung genießen, die die Landschaft in ein ganz neues Bild rückt. Im Frühjahr wie im Herbst fällt die Abwesenheit lästiger Insekten besonders positiv auf. Der Monat mit der höchsten Niederschlagsmenge ist der August, dann folgen Juli, September und der Oktober. Der trokkenste Monat ist der Juni. Während der Monsunzeit von Mitte Juli bis Mitte September können die sporadischen, aber heftigen Regenfälle so manches trockene Flusstal von jetzt auf gleich in einen reißenden Strom verwandeln. Den Wetterberichten sollte daher in dieser Zeit besondere Beachtung geschenkt werden. Wenn Sie können, legen Sie Ihre mindestens dreiwöchige Reise also in den Oktober. Durchweg angenehme Temperaturen mit viel Sonne und blauem Himmel belohnen Sie. Beginnen Sie dann am Nordrand des Grand Canyon kurz bevor dieser für den Winter geschlossen wird und beenden Sie Ihren Trip im Zion NP, wo die Laubfärbung durch die geringere Höhe erst später einsetzt. Sollten Sie im Frühjahr reisen, kehren Sie diese Reihenfolge einfach um. Tipp: Nach den letzten Erhöhungen der Eintrittspreise rechnet sich der America the Beautiful Pass des National Park Service schon bei fünf besuchten Parks: Für 80 Dollar gewährt er ein Jahr lang Eintritt in alle Teile des National Park Systems.

Die aktuell größten Herausforderungen sind sicherlich die starke Zunahme sowohl von Einwohner- als auch Besucherzahl, welche sich unglücklicherweise mit reduzierten Niederschlägen paart. Auf die westlichen Bundesstaaten gerechnet muss im Vergleich zu 2000 ein Plus von 15,5 Millionen Menschen mit reduzierten Wassermengen versorgt werden. Verglichen mit 1990 hat die Einwohnerzahl sogar um 25 Millionen zugenommen. Dazu ist die Besucherzahl in den elf größten Schutzgebieten im Südwesten von 26,4 Millionen auf 35,2 Millionen gestiegen. Natürliche und künstliche Reservoirs verändern sich drastisch, weil die Fehlmenge entnommen werden muss. Die besonders bekannten Schutzgebiete haben zum Teil bereits Restriktionen für Besucher eingeführt oder denken darüber nach. Mittelfristig werden sie wohl alle dazu gezwungen sein, um die Parks, in denen Infrastruktur ja nicht beliebig dazu gebaut werden kann, überhaupt zu erhalten. Spontaner Zugang wird nicht mehr immer möglich sein und Reisen sollten mit einem Gespür dafür vorbereitet werden.

Joshua Tree Natural Area, Snow Canyon State Park

Auch auf einem Rundkurs durch den oberen Teil des Colorado-Plateaus brauchen Sie nicht auf Bilder der beeindruckenden Joshua Trees zu verzichten. Sie werden zwar häufig mit Kakteen verwechselt, zählen aber zu den Liliengewächsen. Bis zu 12 m hoch können sie ihre vielen Arme in den Himmel recken.

Das Joshua Tree Natural Area, nördlich des Virgin River Gorge gelegen, bildet den nördlichsten Stand dieser Art in den USA. Der gleichnamige Scenic Backway führt durch die wüstenartige Landschaft. Hier sind auch einige Exemplare der vom Aussterben bedrohten Wüstenschildkröten zu finden.

Auf dem Weg von Süden zum Zion NP können Sie den Joshua Tree Forest zudem auf einem kurzen Rundkurs mit dem Snow Canyon

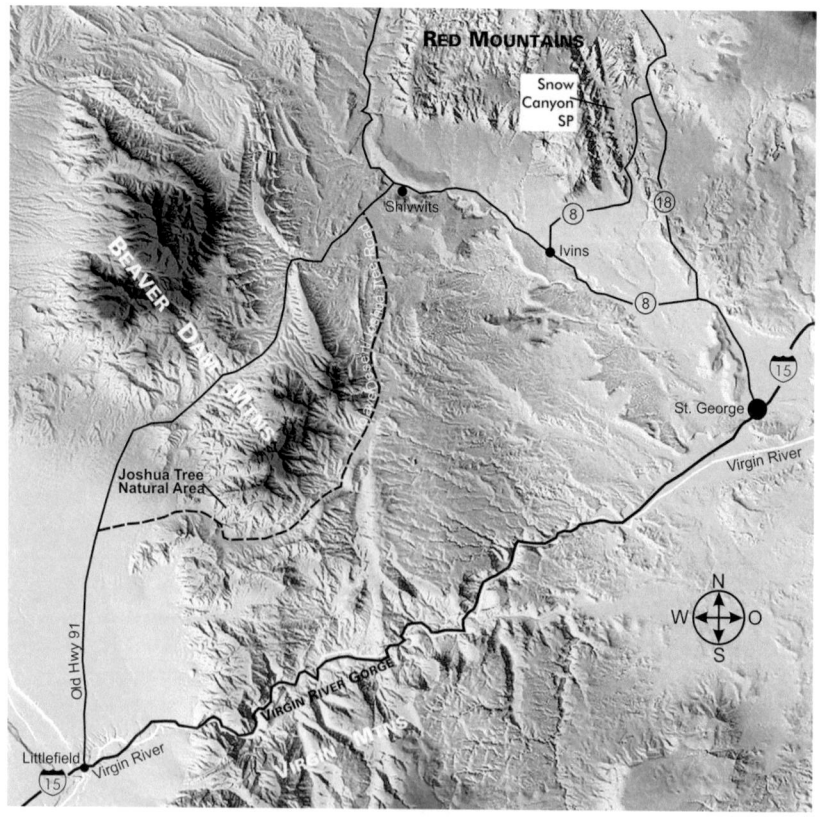

State Park verbinden. Nehmen Sie dazu in Littlefield/AZ die Ausfahrt 8 der I-15 und folgen Sie dem Old Highway 91 13 mi nach Norden bis zur Abzweigung der Mojave Desert/Joshua Tree Road. Diese gut befahrbare Staubstraße führt in einem Bogen durch das 405 ha große Areal (Camper sind willkommen, auch wenn es keine etablierten Einrichtungen gibt) und erreicht nahe Shivwits wieder die Route Old 91.

Auf der Westseite der Mojave Desert/Joshua Tree Road finden sich Joshua Trees und Kakteen auf ebenem Grund. Bei Sonnenaufgang werden sie hier besonders schön beleuchtet. Die Ostseite besitzt durch einen kleinen Hügelkamm einen abwechslungsreicheren Hintergrund, der bei Sonnenuntergang besonders gut zur Geltung kommt. Am Abend können Sie die Joshua Trees aber auch gut als Silhouetten vor den Westhimmel stellen.

Am Ende der Mojave Desert/Joshua Tree Road angekommen, biegen Sie rechts ab nach Shivwits und zweigen wiederum in Ivins auf die Rt-8 zum Snow Canyon State Park ab. Sie durchquert den Snow Canyon SP von Süd nach Nord.

Der Snow Canyon State Park (ca 1 Million Besucher pro Jahr) bietet eine gute Zusammenfassung der Gegend mit ihren erstarrten Lavaflüssen, farbigem Sandstein, Sanddünen und Petroglyphen. Wenn Ihnen die Landschaft bekannt vorkommt, dann wahrscheinlich aus Filmen wie „Der Elektrische Reiter" oder „Butch Cassidy und Sundance Kid". Photographisch besonders reizvoll ist der mit schwarzer Lava überzogene rote Navajo Sandstein. Diese unausgewogen reflektierende Kombination sollte bei der Belichtungsmessung nicht übersehen werden. Von Süden nach Norden finden sich folgende Photomöglichkeiten entlang der 5 mi langen Scenic Road: Vom Campground aus können Sie über den Hidden Pinion Trail (1 Std. hin und zurück) einen Aussichtspunkt erwandern, der einen ansehnlichen Panoramablick über den Canyon gewährt. Hinter dem kleinen, aber feinen Campingplatz finden Sie ein paar rote Sanddünen. Früh am Morgen, vom nächtlichen Wind geordnet, sind sie am photogensten. 0,5 Meilen weiter nördlich erreichen Sie das Lava Flow Overlook Parking Area. Ein kurzer Wanderweg führt von dort aus durch die uralten Lavaflüsse hinauf zum West Canyon Overlook, der ebenfalls einen schönen Rundumblick bereithält. In seiner unmittelbaren Umgebung können Sie bizarr gefaltete rote Navajo Sandsteininformationen aufnehmen. Kurz hinter der nördlichen Parkgrenze führt ein 0,5 mi langer Abzweig von der Rt-18 aus zum Panorama Point. Den Blick von dort nehmen Sie am besten früh oder spät am Tag auf. Direkt hinter der Abzweigung geht's über einen 0,75 mi langen Weg zu einigen Lavahöhlen. Das beste Licht herrscht am Morgen oder frühen Nachmittag, bevor der Canyon im Schatten der zu weit westlich stehenden Sonne versinkt.

Die Rt-8 endet an der Kreuzung mit der Rt-18, die Sie in südlicher Richtung nach St. George bringt. Von dort aus können Sie den

Felsformationen im Snow Canyon SP

ursprünglichen Weg zum Zion NP fortsetzen. - Beachten Sie den Abschnitt zum Smithonian Butte Scenic Backway für eine weitere Alternativroute zum Zion Canyon.

Ein vielarmiger Joshua Tree

Einen Steinwurf nördlich von St. George gibt es noch zwei interessante Geisterstädte zu sehen. Die I-15 passiert zuerst die Ortschaft Harrisburg. Sie hatte ihre Blütezeit zwischen 1862 und 1895. Heute führt die Interstate quasi mitten durch die Hinterlassenschaften, vor allem Reste solide gebauter Steinhäuser. Silver Reef liegt westlich der Ausfahrt 23 der I-15. Zwischen 1866 und 1891 war das eine florierende Stadt mit immerhin 2000 Einwohnern, die in der kurzen Zeit Gold für 25 Millionen Dollar aus den Mienen der Umgebung gruben. Bis 1901 waren die Stollen ausgebeutet und die Stadt verlassen. Eine stattliche Anzahl Gebäude, darunter das schöne Wells Fargo Express Office (heute auf dem National Historical Register) erinnern an diese Zeit. Der Ort ist keine echte Geisterstadt, denn einige der Häuser sind bewohnt.

Zion National Park

".... und die schwindelerregenden Windungen der Straße hinunter in die Tiefe des Canyons... und wieder weg entlang des Canyons und des Virgin River (wie süß, süßes Wasser hier zwischen diesen schwindelerregenden roten Specksteinblöcken fließen zu sehen) und um die Biegung des Flusses herum durch die Specksteinwände von blankem, grimmigem Rot und in die Talsohle und die Bäume (ein wenig wie Yosemity, dieses Tal, doch nicht so üppig, so kühl, noch so verwunschen, noch gekühlt durch die Dünendecke der hoch aufragenden Kiefern, aber eine Oase hier ...)."
Thomas Wolfe, *A Western Journal*

● Höhenlage 1300 m am Grund des Zion Canyon, die umgebenden Felswände ragen bis über 2100 m hoch auf, rund 1800 m auf der Hochfläche der Mesa im Osten, 1550-2350 m im Gebiet der Kolob Canyons im Norden
● Im Schnitt 4,6 Millionen Besucher pro Jahr
● Hauptbesuchsmonat ist der August

Wie, Wo, Was

Schon von alters her übte der Zion Canyon, das Herz des Parks aus steilen Felsen und jadegrünem Wasser, einen starken Eindruck auf die Menschen aus: Die indianischen Ureinwohner hielten ihn für den Wohnort der Dämonen und mieden ihn bei Dunkelheit. Die weißen Pioniere, zumeist fromme Mormonen, sahen in seinen mannigfaltigen Formen dagegen die vollkommene Schönheit der Schöpfung und gaben ihnen freudig biblische Namen. Soviel frühe Anerkennung führte dazu, dass er Utahs erster National Park wurde. Ein Park des Flusses, des Virgin Rivers, der ihn gestaltet und noch nicht vollendet hat. Mit seiner großen Energie und Beständigkeit treibt er die Schlucht noch immer tiefer in das Markagunt Plateau.

Zion NP ist dreigeteilt: Der heute gut erschlossene Zion Canyon im Süden trägt die Hauptlast des Besucheraufkommens. Die meisten Menschen reisen über die trockene Hochfläche der Mesa im Osten an. Die Finger Canyons im Nordteil erleben dagegen nur vergleichsweise wenige Besucher von der kurzen Parkstraße aus.

Wegweiser

Haben Sie die Route so gewählt, dass Sie sich Springdale und dem Südteil von St. George über die Rt-9 nähern, so kündigt sich der Canyon schon von weitem an: Die Felsen wachsen höher und ihre rote Färbung wird immer intensiver. Schon aus einiger Entfernung können Sie das unverkennbare Sahnehäubchen des West Temples hoch über der Straße ausmachen.

Springdale, vor den Toren des Parks gelegen, hat immer noch kuschelige Ecken. Die Häuser und Läden entlang dem Zion Park Boulevards sind pittoresk anzuschauen und vor der Kulisse der Felskulisse des Canyons durchaus photogen. Aber die stark gestiegenen Besucherzahlen fordern ihren Tribut in Form von immer mehr Hotels.

Blick von Scouts Lookout in die Südhälfte des Zion Canyon

Von hier aus führt die Rt-9 als südlicher Zugang in den Zion Canyon hinein. Ab der Parkgrenze wird sie auch Zion Canyon Scenic Drive genannt. An der als Canyon Junction bezeichneten Kreuzung zweigt sie nach Osten ab, um bei Mt Carmel Junction die Rt-89 zu erreichen. Diese Strecke ist das ganze Jahr über frei befahrbar. Der ab der Kreuzung weiter nach Norden in den Canyon führende Abschnitt des Scenic Drives ist dagegen von Ende März bis Anfang November für den Individualverkehr gesperrt. Diese Maßnahme wurde im Jahr 2000 nötig, weil die Infrastruktur das ständig steigende Besucheraufkommen nicht mehr bewältigen konnte. Die Shuttles registrieren sagenhafte 6,3 Millionen Zustiege pro Jahr!

Im genannten Zeitraum erreichen Sie die an diesem Teil der Parkstraße gelegenen Punkte nur mit den kostenlosen Pendelbussen des Zion Canyon Shuttle. Sie verkehren auf zwei Routen.

Der Springdale Rundverkehr verbindet den Ort Springdale mit dem Parkeingang und dem Besucherzentrum. Fahrplan im Sommer (19.05.-15.09.) 07:00-20:00. Davor und danach 08:00 bis 19:00 bzw. 18:00. Die Busse verkehren alle 15 Minuten.

Der Zion Canyon-Rundverkehr schließt am Zion Canyon Visitor Center an und bedient alle Aussichtspunkte am Scenic Drive bis hinauf zum Temple of Sinawava Parking Area. Die Rundfahrt mit dieser Linie dauert 90 Minuten. Fahrplan im Sommer (19.05.-15.09.) 06:00 bis 20:15. Davor und danach 07:00 bis 19:15 bzw. 18:15. Die Busse verkehren alle 5 bis 10 Minuten.

Da der früheste Sonnenaufgang am 15. Juni auf 06:11 Uhr fällt, gelangen Sie mit dem

Der Watchman leuchtet in der Abendsonne

ersten Bus gerade früh genug in den Park, um die ersten Lichtstrahlen auf den Formationen hinter dem Zion Human History Museum aufnehmen zu können. - Der Fahrplan erfüllt also all unsere photographischen Wünsche! Allerdings können Sie bis zum Museum auch in jeder Jahreszeit mit dem eigenen Wagen gelangen, denn das Fahrverbot gilt erst ab dem Abzweig zum Zion-Mt Carmel Highway.

Da sich die Parkplätze am Besucherzentrum schon am Vormittag schnell füllen, ist es anzuraten, das Fahrzeug in Springdale abzustellen und den Bus dort zu besteigen. Damit vermeiden Sie zudem die häufig lange Warteschlange am Autoschalter der Eingangsstation. Die kostenlose Parkzeitung gibt Aufschluss über alle Haltestellen, Parkmöglichkeiten und den jeweils aktuellen Fahrplan.

Für große Fahrzeuge, wie z.B. viele Wohnmobile, gelten im Zion Canyon folgende Einschränkungen: Fahrzeuge, die höher als 11 ft oder breiter als 7 ft sind, dürfen nicht ohne weiteres durch den Zion - Mt Carmel Tunnel auf der Rt-9 fahren. Für sie muss der Verkehr gestoppt werden, damit sie aufgrund der Tunnelabmessungen auf dem Mittelstreifen hindurch gelangen können. Dafür ist eine Gebühr zu entrichten.

Nächtigen können Sie im Südteil in der Zion Lodge, sowie auf dem South Campground (First come-First served) oder Watchman Campground (bietet auch Elektroanschlüsse für Wohnmobile). Darüberhinaus gibt es in Springdale einen privaten Campingplatz und einige Hotels. Der Nordteil besitzt außer den einfachen Campsites am Lava Point keine Unterkunftsmöglichkeiten. Ebenso verhält es sich auf der Mesa.

Geographische Orientierung und die photogensten Tageszeiten

Der Zion Canyon ist ziemlich genau in Nord-Süd Richtung orientiert, so dass das warme Licht der tiefstehenden Sonne den ringsum aufragenden hohen Felsen am Morgen (den Virgins im Westen bis 1 Std. nach Sonnenaufgang) und Abend (dem Watchman im Osten ab dem späten Nachmittag) Glanz verleiht, sein Inneres aber erst gegen Mittag, im Herbst und Winter sogar erst am frühen Nachmittag erreicht. Die Abbildung auf der nächsten Seite veranschaulicht dies. Wo es geht, sollten Sie den Fluss und die Bäume am Ufer mit ins Bild einbeziehen. Finden sich ein paar Wolken am Himmel, lohnt es sich, den Sonnenuntergang an der Sunset Bridge nahe der Canyon Junction abzuwarten und das letzte Licht auf dem Watchman vor dieser Kulisse einzufangen.

Das Gebiet der Mesa entlang dem Zion - Mt. Carmel Highway (Rt-9) stellt wegen seiner erhöhten Lage keine solchen Ansprüche. Hier können Sie zu allen Tageszeiten gute Aufnahmen machen.

Die Finger Canyons des Kolob verlaufen, soweit sie über die Kolob Canyons Road erreichbar sind, von West nach Ost und kommen ebenfalls im flachen Licht des Vormittags bzw. Nachmittags am besten zur Geltung.

Zion NP in den Jahreszeiten

Der höchste Punkt im Zion NP ist Horse Ranch Mountain im Nordteil mit 2699 m, der niedrigste Punkt liegt nahe dem South Campground im Zion Canyon mit 1188 m. Die maximale Höhendifferenz beträgt also 1471 m. In der Hochwüstenzone des Parks zwischen 1100-1500 m sind die Sommer heiß und trocken und die Winter mild. Die Übergangszone zwischen 1600 und 2300 m weist moderate Sommertemperaturen auf, jedoch kann der Schnee dort den ganzen Winter über liegen bleiben. In der mehr als 2400 m hoch gelegenen Gebirgszone gedeihen dank der kalten Winter und des Wasserüberschusses Tannen und Espen.

Blick nach Norden in den Zion Canyon am 01.07. um 06:00 Uhr
Sonnenaufgang 05:16 Uhr

Blick nach Norden in den Zion Canyon am 01.07. um 12:30 Uhr

Blick nach Norden in den Zion Canyon am 01.07. um 19:00 Uhr
Sonnenuntergang 19:47 Uhr

Die feuchten Jahreszeiten sind Frühjahr und Spätsommer (März und September). Dann können heftige Gewitter den Virgin River zum Überschäumen bringen. Das Frühjahr bringt sehr abwechslungsreiches Wetter mit Sturm und Regen, aber auch angenehmen Temperaturen und Sonnenschein. Im Schnitt liegen die Temperaturen dann bei 7° C in der Nacht und 26° C am Tag. Zwischen April und Juni gedeihen Wildblumen. Ihre Hauptblütezeit liegt im Mai. Zu dieser Zeit blühen in der höher gelegenen Trockenzone der Mesa schon Yucca und Kakteen. Die Sommertage sind mit 35° C bis 43° C sehr heiß. Ersehnte Abkühlung bringen dann die Nächte mit 18° C bis 24 ° C. Zwischen Mitte Juli und Mitte September kommen nachmittags häufig Gewitter auf, die viele kleine Wasserfälle an den Cliffwänden hinunter sprudeln lassen und den Himmel mit dramatischer Wolkenbildung beleben. Der Herbst lockt mit klaren Tagen und durchgängig angenehm milden Temperaturen. Die Laubfärbung beginnt in den Höhenlagen im September und erreicht ihren Höhepunkt mit den Cottonwood Bäumen im Zion Canyon Ende Oktober oder Anfang November. Das Winterwetter unterscheidet sich nach den tiefen Lagen des Zion Canyons und den Höhenlagen im Nordteil um die Kolob Canyons. Der Zion Canyon sieht vorwiegend Regen und nur wenig Schnee, der in Verbindung mit dem weichen Tageslicht der tief stehenden Sonne für einen wunderbaren Kontrast zu den roten Felsen sorgt. Die klaren Tage können mehr als 20° C warm werden, die Nachttemperaturen zwischen liegen 0° C und -6° C. Die Kolob Canyon erfahren dagegen starke Schneefälle, die mehrere Tage andauern und die Straßen unpassierbar machen können. Außer der Kolob Terrace Road, die im Winter gesperrt ist, werden alle Straßen im Zion NP geräumt.

Photographische Besonderheiten

Der Zion Canyon schafft aufgrund der umgebenden 600-800 m hoch aufragenden Felswände extreme Kontrastverhältnisse. So baden die Spitzen der markanten Formationen morgens und abends im feinen Licht, während die Flanken nur wenig darunter schon oder noch in der Dunkelheit liegen. Erst gegen Mittag erreicht die Sonne im engeren Abschnitt entlang dem Scenic Drive den Talgrund. Trotzdem sind es gerade diese Tageszeiten, die die besten Bilder produzieren. Der analoge Photograph braucht exakte Messungen mit dem Spotmeter und einen Satz Grauverlauffilter, um sie zu meistern. Damit kann sein digitaler Kollege natürlich auch arbeiten, aber prinzipiell hat es besser, denn er braucht sich nicht um genaue Werte zu scheren. Eine schnelle Aufnahmeserie aus richtiger Belichtung und +/- 2 Belichtungsstufen, die später am Computer mittels Dynamic Range Increase zu einem pseudo High Dynamic Range Image (HDRI) kombiniert wird, erleichtert ihm das Leben. „Pseudo", weil dabei in 8-Bit gespeichert wird so für jeden Farbkanal nur 256 Helligkeitsstufen zur Verfügung stehen. Um den tatsächlich vorhandenen Helligkeitsumfang zu speichern, so, wie es echte HDR-Bilder tun, sind aber mehr Bits, also mehr Helligkeitsstufen, notwendig. Unter- und Überbelichtung sollten durch Verlängern oder Verkürzen der Belichtungszeit, nicht aber durch Ab- oder Aufblenden, realisiert werden. Letzteres verändert auch die Schärfentiefe, und das ist selten gewünscht. Bei zu stark bewegten Motiven hilft auch folgender Trick bei der RAW-Entwicklung des Bildes: Man entwickelt einmal auf die Lichter und einmal auf die Schatten, so dass man zwei Bilder hat, die im jeweiligen Bereich Zeichnung aufweisen. Beide werden dann, wie zuvor, im Bildbearbeitungsprogramm zu einem Einzigen kombiniert, das die gewünschte Charakteristik aufweist.

Bezüglich der Brennweiten stellt der Zion NP keine besonderen Ansprüche. Brennweiten zwischen 20-28 mm bedienen die Mehrzahl der Übersichten, 100-200 mm holen auch Details an den Canyonwänden formatfüllend heran. Weitreichendere echte Telemotive finden sich höchstens auf der Kolob Terrace. Stehen Wildblumen auf dem Speisezettel, so sollte eine Makrobrennweite eingepackt werden. Ein Stativ darf nicht fehlen, falls die beschriebenen Kontrastbehandlungen eingesetzt werden sollen.

Motive im Zion Canyon

Die Aussichtspunkte entlang dem Scenic Drive verteilen sich zeitlich recht gut auf einen Vormittag. Starten Sie zum Sonnenaufgang am Visitor Center und planen Sie den Riverside Walk sowie eine mögliche Wanderung durch einen Teil der Narrows selbst für 12:00 Uhr ein, damit Sie in diesem engen Teil genügend Licht haben.

Der Bereich um das Zion Human History Museum ist einer der zwei besten Plätze für den Sonnenaufgang. Von dort aus haben Sie einen bemerkenswerten Blick auf die Formation der Virgins direkt hinter dem Gebäude und können ein Bild ähnlich dem auf dem Cover der Parkbroschüre machen: Die ersten Strahlen der Sonne lassen die Spitzen des West Temples und der Jungfrauen rot glühen, die mächtige schwarze

Schattenpartie darunter setzt einen dramatischen Akzent. Achten Sie auf den Kontrastumfang und verwenden Sie ein gemäßigteres Weitwinkel im Bereich von 35 mm, um die Schattenzone im Vordergrund auszusparen. Mit einem leichten Tele können Sie die Bergspitzen isoliert porträtieren. Steht die Sonne bereits etwas höher, können Sie den nicht mehr ganz so großen Kontrast zum Vordergrund mit einem Grauverlauffilter mildern und beide Motivbereiche herausarbeiten. Aber gut 15 Min. nach Sonnenaufgang liegen die Bergspitzen bereits in sehr hellem Licht und die faszinierende Stimmung ist dahin. Arbeiten sie also schnell, denn vom vorderen Parkplatz aus können Sie zur gleichen Zeit den südlich gelegenen Watchman aufnehmen, dessen 2000 Meter hohe Spitze ebenfalls früh von der Sonne erreicht wird. Auch hier muss der Kontrastumfang zum im Schatten liegenden Vordergrund beachtet werden. Wenn Sie zum Fluss hinunter und über die Brücke gehen, haben Sie die Möglichkeit, dem „Wächter" mit dem Virgin River im Vordergrund mehr Dramatik zu verleihen.

Die zweite gute Sonnenaufgangsposition befindet sich unterhalb der

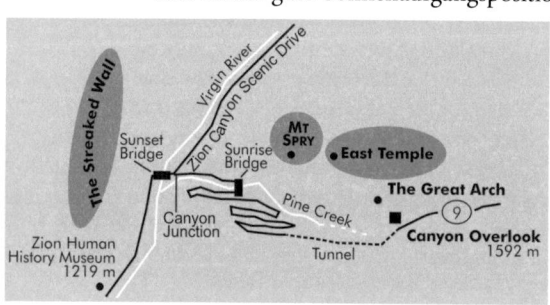

Sunrise Bridge. Steigen Sie vom Museum aus kommend vor der Straßenbrücke zum Pine Creek hinunter und positionieren Sie sich mit Blick auf den West Temple vor den hoffentlich mit reichlich Wasser gefüllten Pools, um ihre Reflexionen im Bild zu nutzen.

Für die weiter nördlich gelegenen Punkte können Sie sich nun Zeit lassen. Sie alle erfordern einen etwas erhöhten Sonnenstand, damit genügend Licht bis zum Canyonboden dringt. Nachdem der Shuttlebus hinter der Brücke über den Virgin nach Norden auf den Zion Canyon Scenic Drive abgebogen ist, erreichen Sie zuerst den Court of the Patriarchs Viewpoint auf der rechten Straßenseite. Im Südwesten türmt sich die rote Sandsteinformation der Streaked Wall auf, im Osten schauen Sie auf die Gipfel des Mountain of the Sun, die Twin Brothers sowie den East Temple, im Süden auf Mt Spry. Mit dem Blick nach Westen können Sie eine der beherrschenden Formationen des Parks, die drei Patriarchen Abraham, Isaac und Jacob (von Süden nach Norden), am besten jetzt gleich am Vormittag gegen einen im Sommer zumeist tiefblauen Himmel aufnehmen. Brennweiten < 28 mm sind nötig, um alle auf einem Bild zu vereinen. Wenn Sie die Straße überqueren, können Sie den Fluss im Vordergrund platzieren. Bäume oder Äste im Vordergrund verleihen der Aufnahme einen Rahmen und sorgen so für ausgeprägtere Tiefenwirkung.

Nächster Haltepunkt ist die Zion Lodge. Über eine kleine Brücke geht's auf die andere Flußseite und zum Beginn der Emerald Pool Trail. Über den leichten Lower Trail (2 km hin und zurück, 1 Std.) oder den etwas anspruchsvolleren Middle Trail (3,2 km hin und zurück, 2 Std.) erreichen Sie diese kleinen Teiche in der Höhe des Behunin- bzw. Hepas Canyon. Die Motive umfassen, wie am Weeping Rock, im Frühjahr und Sommer hängende Gärten und Wildblumen sowie dort, wo das Wasser nach einer zweijährigen Reise durch das Gestein wieder austritt, kleine Kaskaden und Wasserfälle. Die feinen Wasservorhänge sind anspruchsvolle Motive: Um die Tropfen sichtbar zu machen, stellen Sie sich am besten in einem Winkel auf, in dem sie die Sonne reflektieren (ein dunklerer Hintergrund hilft) und wählen eine Belichtungszeit >1/30 sec. Auf der Fahrt zurück, am Nachmittag, steht die Sonne dafür am Weeping Rock am günstigsten.

Das folgende Grotto Parking Area ist am späten Vormittag der beste Platz, um den nördlich gelegenen Angels Landing mit dem Virgin River im Vordergrund aufzunehmen. Der Blick von der zentral gelegenen hohen Felsfinne des Angels Landing in den Canyon zählt zu den allerbesten im Park. Leider hat es auch der Angels Landing Trail hinauf in sich: 8 km misst er hin und zurück (4 Std.) und 453 m Höhenunterschied wollen gemeistert werden. Der Weg beginnt am Grotto Parking Area und entlang des ersten Anstiegs wachsen viele Bäume, die sich gut als Vordergrundobjekte machen und den Bildern vom Fluss Tiefe geben. Auch das Totholz eignet sich gut für Nahaufnahmen und Makros. Wenn Sie den Refrigerator Canyon erreicht haben, können Sie seine beiden Flanken in einem Blick zurück als Silhouetten vor den Hauptcanyon stellen (schön knapp belichten, damit die Schattenbereiche schwarz zulaufen). Stellenweise gedeihen in den Felsnischen farbige Wildblumen und besonders in der rechten Canyonwand finden sich viele weiche Erosionsstrukturen,

Kaskade an den Emerald Pools

vom Wasser in den weichen Stein getrieben. Linker Hand kontrastieren grüne Kiefern mit dem roten Fels, der dort, wo ihn die Sonne am Nachmittag trifft, zu glühen scheint. Die steilen Serpentinen von Walters Wiggles hinauf passieren Sie auf halbem Weg eine Fichte, die aus dem puren Fels zu wachsen scheint. Um alle Serpentinen von unten oder oben aufzunehmen, sind 24 mm Brennweite oder noch etwas weniger nötig. Der nun erreichte Aussichtspunkt Scouts Lookout schaut steil hinunter in den oberen Teil des Zion Canyon, dominiert vom Temple of Sinawava. Wer dann das letzte steile Stück hinauf zum Angels Landing erklimmen will, sollte erst die Hosenträger stramm ziehen: An dicken Ketten gesichert geht es die verbleibenden 800 m entlang der schmalen, selten mehr als 3 m breiten Bergflanke hinauf. Aber der Ausblick nach

Nur der Weg über den schmalen Felsgrat führt zum Angels Landing

Süden bis zur Öffnung des Canyons macht alles wett! Um die Ausrüstung für die Kletterei handlich zu halten, genügen ein 24er und ein leichtes Telezoom.

Allerdings: Seit 2022 hat der National Park Service die Anzahl der Wanderer hinauf zum Angels Landing begrenzt. Sie müssen sich nun in einem Pilot-Programm um ein Permit bewerben, welches in einem Lotterieverfahren vergeben wird. Es gibt eine Saison-Lotterie und eine Am-nächsten-Tag-Lotterie. Die jeweils aktuellen Details entnehmen Sie am besten der offiziellen Park-Website (https://www.nps.gov/zion/index.htm).

Zurück auf dem Scenic Drive liegt das Weeping Rock Parking Area in der folgenden großen Schleife des Virgin Rivers auf der rechten Straßenseite. Hier beginnt der Weeping Rock Trail (1,6 km hin und zurück, 1 Std.) durch die hängenden Gärten (Wildblumen im Frühjahr) zu der vorspringenden Felskante, die, genügend Feuchtigkeit vorausgesetzt, einen Vorhang feiner Wassertröpfchen nach unten regnen lässt.

Der East Rim Trail (16 km hin und zurück, 732 m Höhenunterschied) führt vom Weeping Rock Parking Area durch den Echo Canyon hinauf

zur grün bewaldeten Canyonkante und weiter nach Osten über die Hochfläche der Mesa zum Clear Creek am Zion-Mt Carmel Highway. Im Echo Canyon zweigt der East Mesa Trail ab und führt hinauf zum Observation Point hoch über der Biegung des Virgin Rivers. Von dort oben aus haben Sie einen ähnlich spektakulären Blick über die südliche Länge des Canyons wie vom gegenüberliegenden Angels Landing. 12 km (655 m Höhenunterschied, 6 Std.) sind das hin und zurück ab dem Weeping Rock Parking Area.

Der Hidden Canyon Trail (3,2 km hin und zurück, 259 m Höhenunterschied, 3 Std.) führt ab dem Weeping Rock Parking Area in den steilen Einschnitt des Hidden Canyon zwischen Cable Mountain und Great White Throne. Nach 800 m stößt man auf eine natürliche Felsbrücke. Von dort an wird der Weg dann beständig schwieriger und steiler und oft braucht man eigentlich mehr als zwei Hände, um weiter nach oben zu gelangen. Dieser Trail

Typische Felsformationen auf der Mesa

ist wenig frequentiert und die noch nicht ausgelutschten Motive lohnen den beschwerlichen Weg mit kleiner Ausrüstung.

Bei Meile 5,5 und 5,8 auf dem Scenic Drive finden Sie zwei Aussichtspunkte auf den Great White Throne, von denen aus Sie dies markante Wahrzeichen entweder mit dem Fluss oder Felsklippen im Vordergrund am besten nachmittags aufnehmen können. Da der Vordergrund dann schon im Schatten liegt, ist es angezeigt, die Belichtung etwas zu verkürzen, um noch Details in der weißen Bergspitze zu erhalten.

Der Zion Canyon Scenic Drive endet am Temple of Sinawava Parking Area. Auf dem 1,6 km langen Asphalt des Riverside Walk (auch: Gateway to the Narrows Trail) geht's von hier aus durch den schon spürbar engeren Canyon in Richtung der Virgin River Narrows. Hängende Gärten mit Columbine, Shooting Star und Cardinal Flower begleiten Sie und geben im Sommer gute Makromotive

In den Virgin River Narrows

ab. Dafür sollten Sie ein geeignetes Objektiv, schnelles Filmmaterial oder Blitzgerät sowie ein Stativ dabei haben. Ein leichtes Weitwinkel dokumentiert gegen Mittag, wenn genug Sonnenlicht den Grund erreicht, die

Enge des Flusslaufes. Achten Sie in jedem Fall auf den Kontrast zwischen den immer besser ausgeleuchteten Felsspitzen und dem Canyonboden und benutzen Sie, wenn nötig, einen Grauverlauffilter oder nehmen Sie zwei, drei Bilder mit unterschiedlichen Belichtungszeiten auf, die Sie später am Computer zu Einer richtig belichteten zusammenfügen.

Der gut ausgebaute Weg geht nahtlos über in den Virgin River Narrows Trail. Die an manchen Stellen nicht mehr als 12 m breite Passage durch die von 600 m hohen Wänden umgebene nördliche Gabel des Virgin River gehört zu den beliebtesten und schönsten Canyonwanderungen überhaupt. Begehbar ist diese Route allerdings fast nur während der Niedrigwasserperioden von Ende Juni bis Anfang Juli sowie von Ende September bis in den Oktober. Im Besucherzentrum erfahren Sie, ob es gefahrlos ist, den Fluss hinaufzuwaten oder ob mit Hochwasser zu rechnen ist. Der 2,4 km lange Abschnitt bis zum

Blick vom Canyon Overlook in den Pine Creek Canyon

Beeindruckend weiss: The Great White Throne

Orderville Canyon (4 Std. hin und zurück), in dessen Umgebung Sie den mit 4-5 m Breite engsten und photogensten Abschnitt der Narrows finden, wird am stärksten frequentiert. Wenn Sie schon am Vormittag starten, erreichen Sie diesen Bereich mit dem guten Licht des hohen Sonnenstandes. Zwei längere Varianten führen „away from the crowds" durch den Orderville Canyon (16 km, 600 m Höhenunterschied) oder die ganze North Fork des Virgin Rivers (21 km, 400 m Höhenunterschied). Die meisten werden diese Touren an zwei Tagen machen, wofür ein Permit erforderlich ist. Wichtigstes Utensil für alle Ausflüge in die Narrows sind gut sitzende Schuhe, die ruhig einmal richtig nass werden können sowie eine wirklich wasserdichte Verpackung für alle mitgeführten Güter, da es fast ausschließlich mitten durch den Fluss geht (30-80 cm Wassertiefe und kalt). Beschränken Sie Ihre Ausrüstung auf ein mittleres Zoom und ein Weitwinkel zwischen 20 und 24 mm. Bei niedrigem Wasserstand finden sich viele solide Felsen und Sandbänke, um ein Stativ aufzustellen. Um auch aus dem schnell fließenden Wasser heraus schussbereit zu sein, sollten Sie nicht auf schnelles Filmmaterial (200 ASA, evtl. pushen) verzichten. Der Kontrast verdient auch hier besondere Beachtung, da der Fluss, außer über Mittag, im Schatten liegt. Strandartige, trockene Sandinseln und die vielen monumentalen Felsüberhänge geben gute Motive ab, beziehen Sie Menschen oder Vordergrund zum Größenvergleich mit ein.

Ein langer Tag auf und neben dem Zion Canyon Scenic Drive findet dann pünktlich zum Sonnenuntergang (wegen der hohen Canyonwände schon 30 Min. vor der astronomischen Zeit) an der Sunset Bridge nahe der Canyon Junction ein stilechtes Ende. Von hier aus geht der Blick entlang dem Virgin River durch den weiten Canyoneinschnitt nach Süden und Sie können genau den Moment abpassen, in dem sich Streiflicht und Schattenwurf, zum Beispiel auf dem Watchman, ideal ergänzen.

Ab dem Watchman Campground führt der Watchman Viewpoint Trail über 1,6 km (112 m Höhenunterschied, 2 Std. hin und zurück) zu einem Aussichtspunkt auf den unteren Zion

Zion Canyon von Scouts Lookout

Canyon, den Oak Creek Canyon und den Ort Springdale. Unterwegs gibt es gute Aussichten auf das West Temple Massiv und den Arch am Bridge Mountain.

Motive auf der Mesa

Von der Canyon Junction bis zum Tunnel steigt die Rt-9 durch den Pine Creek Canyon rund 500 m über sechs Serpentinen an und bietet von den Haltebuchten aus den besten Blick nach Osten auf den Great Arch an der Stirnseite des Seitentals. Rechter Hand nach der Ausfahrt aus dem Tunnel befindet sich ein Parkplatz und der Beginn des Canyon Overlook Trails, der über 800 m zum gleichnamigen Aussichtspunkt direkt oberhalb des Great Arch führt. Von dieser Höhe aus geht der Blick hinüber auf den East- und West Temple sowie die Virgins, die früh am Morgen im zarten Licht der aufgehenden Sonne baden. Mit dem leichten Tele können Sie die Schattenpartien aussparen. Das Zick-Zack-Band der Straße in der Tiefe erhält dagegen erst kurz vor Mittag die notwendige Beleuchtung.

Die Checkerboard Mesa

Bis zur östlichen Parkgrenze folgt die Rt-9 nun dem Clear Creek Canyon über die Hochfläche, vorbei an vielen photographischen Leckerbissen. Phantastisch geformte Felstürmchen oder die scheinbar aus dem puren Stein wachsenden Pinien und Fichten sind schöne Motive, die das Gelände in nicht enden wollender Vielfalt besetzen. Durch viele Haltebuchten entlang der Strecke ist das Gebiet gut erschlossen. Markantester Anziehungspunkt ist die hohe Checkerboard Mesa. 24 bis 28 mm Brennweite fangen den aus versteinerten Sanddünen bestehenden Berg von seiner Basis aus gut ein. Seitliche Beleuchtung am Morgen oder Nachmittag arbeitet die ungewöhnlichen kreuzförmigen Erosionsstrukturen am vorteilhaftesten heraus, eine Telebrennweite sorgt, wenn gewünscht, für die Verdichtung der Perspektive. Auch Pinien, um die Aufnahmen zu staffeln oder zu rahmen, finden sich in großer Zahl.

Motive rund um den Zion Canyon - Great West Canyon / The Subway

Als The Subway wird ein kurzer Abschnitt des Great West Canyon bezeichnet, den der linke Arm des North Creek in den dunklen Fels des Kolob Plateaus gefräst hat. Und das ist ein adäquater Name, denn die Schlucht ähnelt gleich in doppelter Hinsicht einem Tunnel. Zuerst ist da die halbrunde, an eine Bobbahn erinnernde, Form, zweitens herrscht im Innern ein beklemmendes Halbdunkel. Dieses Gefühl vermögen weder

Präziser und runder wird auch heute noch kein Tunnel gebaut!

die roten Felsen noch die blau schimmernden Pools oder die jadegrünen Wasserflächen zu lindern, in denen sich der Fluss bemerkbar macht. Allerdings ist sie im Gegensatz zu einem echten Tunnel oben nicht vollständig geschlossen, weswegen wir sie getrost als Slotcanyon bezeichnen dürfen. Beim Gehen ist hier Vorsicht geboten, denn das beständig fließende Wasser hat den dunkelroten Fels mächtig abgeschliffen und so in eine glitschige Bahn verwandelt. Bewegen Sie sich also vorsichtig. So mancher ist hier schon gestürzt und hat blaue Flecken mit nach Haus genommen oder musste gar Ausrüstungsteile abschreiben!

Zu erreichen ist dieser extrem photogene Canyonteil, indem man den Great West Canyon entweder von Nord nach Süd, also von oben nach unten (From-the-Top-down-Trail) oder von Süd nach Nord, also von unten nach oben (From-the-Bottom-and-Back-Trail) durchsteigt. Beide Trailheads erreicht man von der Kolob Reservoir Road aus, die in Virgin von der Route 9 nach Norden abzweigt. Der Zugang zur Subway ist auf 50 Personen pro Tag limitiert und deshalb ist ein Permit des National Park Service nötig. 30 dieser Permits werden über ein Online-Lotteriesystem vergeben, die verbleibenden 20 Plätze sind jeweils am Tag vor der geplanten Wanderung im Zion Canyon Besucherzentrum oder im Kolob Canyon Visitor Center am Backcountry Desk erhältlich. Außer an den Wochenenden, in den US-Sommerferien und während der Laubfärbung Ende Oktober ist es in der Regel kein Problem, eins dieser Walk-in-Permit zu bekommen. Alle aktuellen Regularien entnehmen Sie der offiziellen Park-Website.

Dämmerlicht in der „Subway"

Da der From-the-Top-down-Trail nur etwas für hartgesottene Canyonkletterer mit der entsprechenden Ausrüstung ist (die aufgrund dessen kaum Photoequipment mitführen können), schenke ich ihm hier keine Beachtung. Der Weg der Wahl für Photographen ist der From-the-Bottom-and-Back-Trail. Er beginnt am gut beschilderten Left

Fork Trailhead, gute 8 Meilen nördlich von Virgin an der Kolob Terrace Road und misst hin und zurück 15 km. Da man bis zur Subway mindestens 2 ½ Std. braucht, sollten, Photostops inklusive, insgesamt gute 7 Std. kalkuliert werden. Packen Sie vor allem im Sommer ausreichend Wasser in Ihren Rucksack, denn die Wanderung ist sehr anstrengend.

Der Left Fork Trail führt zunächst

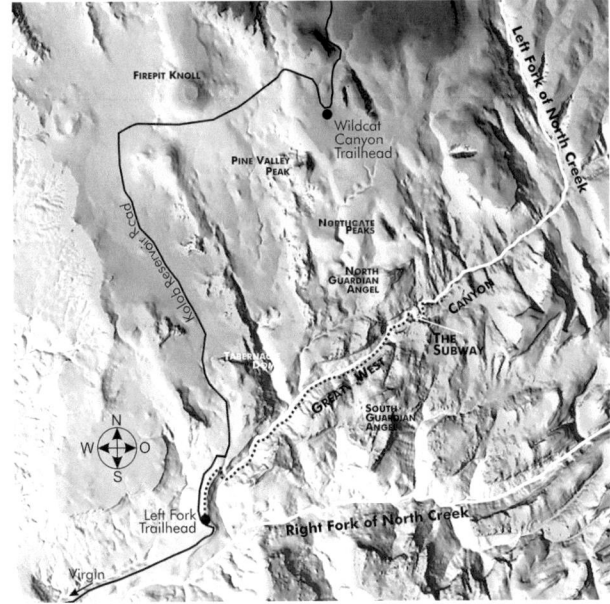

gut 1 km als gut erkennbarer Pfad durch die bewaldete Landschaft, bevor er einen Abhang mit Blick in den Great West Canyon erreicht. Der Abstieg ist zuweilen recht steil und in unregelmäßigen Abständen durch Steinpyramiden gekennzeichnet. Unten angekommen geht's linksrum nach Nordosten weiter direkt am Fluss entlang oder, wenn Hindernisse den Weg versperren, durch den Fluss. Dafür und für den Aufenthalt in der Subway, sind zumindest wasserabweisende Schuhe wärmstens anzuraten. Nach gut 6,5 km erreicht man die ersten größeren Kaskaden, die der North Creek in den roten Fels erodiert hat. Sie erhalten vormittags das beste Licht.

Das Ziel ist nahe, wenn man nach einigen Kilometern The Crack erreicht, eine Spalte im roten Sandstein, durch die das Wasser photogen-schnell fließt. Bei etwas höherem Wasserstand ist dies Motiv leicht zu übersehen. Hier macht sich das mitgeschleppte Stativ zum ersten Mal bezahlt, denn dank einer mittels Graufilter zu erzielenden langen Belichtungszeit kann man den Wasserstrahl im Bild in etwas verwandeln das gar nicht mehr an dies Medium erinnert. Auch The Crack ist am Vormittag am besten beleuchtet. Nach einer weiteren Flussbiegung ist der Eingang zur Subway erreicht, die sich auf 150 m in zwei Hauptbereiche gliedert: Der Untere, der die von vielen Bildern bekannten photogenen kleinen Wasserlöcher (Pools) aufweist und der Obere, der hinter einem felsigen Abhang liegt und nur mittels einer Kletterpartie am Seil zu erreichen ist. Sie zu unternehmen lohnt allerdings nur, wenn man weiter bis zur so genannten Log Chamber vordringt. Dort liegt schon geraume Zeit ein Baumstamm photgen quer im engen Canyon und Michael

25

Fatali hat diesen Ort in einem wunderbaren Photo („North Pole") ein Denkmal gesetzt. Seien Sie aber gewarnt sofern tatsächlich eine Klettergruppe ein Seil hat hängen lassen: Nutzen Sie es nur, nachdem Sie seine Festigkeit geprüft haben! Aufgrund der dauernden Durchnässung altert das Material schnell und ist dementsprechend reißgefährdet.

Die Subway erwandert man am besten im September, weil es dann a) nicht mehr so heiß wie im Sommer, das zu durchwatende Wasser aber auch noch nicht winterkalt ist und b) der Wasserstand nicht, wie im Frühjahr, schmelzwasserbedingt zu hoch ansteigt. Wen kälteres Wasser nicht schreckt, der kommt Ende Oktober und genießt auch die spektakulären Farben der Laubfärbung. Das beste Licht herrscht, wenn die Sonne nicht direkt von oben in den engen Canyonteil hineinscheint. Dann sind die Kontraste zu groß und zerstören die einmalige Lichtstimmung. Während der Sommermonate sollte man die Wanderung also so planen, dass man die Subway entweder am Vormittag oder Nachmittag erreicht, um sie im warmen, weichen, reflektierten Licht zu photographieren. Im Frühjahr und Herbst, wenn die Sonne eine niedrigere Bahn beschreibt, ist die Tageszeit dagegen weniger kritisch. Um die kleinen Wasserlöcher in die von vielen Photos bekannten jadegrünen Pools zu verwandeln, braucht es zweierlei: Zum einen Belichtungszeiten von 10 sec und länger, zum anderen den richtigen, niedrigen Wasserstand. Bei zu viel Wasser nach starken Regenfällen wirbelt ordentlich Sand auf und färbt die Pools milchig braun. Dann sind keine guten Bilder zu machen. An den meisten Stellen ergeben sich die langen Belichtungszeiten aufgrund der Dunkelheit ganz von allein. Wenn Sie weit abblenden, um maximale Schärfentiefe zu erzielen und mit geringen Empfindlichkeiten arbeiten, müssen Sie mit bis zu 30 sec rechnen. Da ist es für Analogfotografen schon nötig, die Schwarzschildcharakteristik Ihres Materials zu kennen. Andere Stellen sind heller und verlangen nach einem Graufilter mit mindestens Verlängerungsfaktor 4 (entspricht 2 Belichtungsstufen). Das gesagt ist ein Stativ unbedingte Voraussetzung. Um die Charakteristik des kalten bläulichen Lichts zu verändern, ist ein 81 A Warmtonfilter oder ein veränderter digitaler Weißabgleich erste Wahl. Weil der Wasserstand so wichtig ist, Informationen darüber aber fast nicht zu beschaffen sind, sollten Sie die Wetterberichte für die Gegend rund um Zion NP erfragen und Gewittern ganz besondere Beachtung schenken.

Motive entlang der Kolob Canyons Reservoir Road

Die **Kolob Canyons Reservoir Road**, ein ausgewiesener Scenic Backway, verbindet auf 50 mi Virgin an der Rt-9 im Süden mit der Rt-14 im Norden. Der Abschnitt zwischen Virgin und dem Kolob Reservoir ist asphaltiert und so für Fahrzeuge aller Art (auch für Wohnmobile) befahrbar. Die Fortsetzung von dort nach Norden ist eine Staubstraße, die bei trockener Witterung aber problemlos mit einem PKW befahren werden kann. Sicherheitshalber sollte man sich aber immer im Besucherzentrum nach dem Straßenzustand erkundigen. Wie auch immer, der südliche Abschnitt ist der landschaftlich schönste und ein zweistündiger Abstecher in diese subalpine Welt lohnt sich auf jeden Fall.

Der südliche Teil der Route führt zunächst durch grünes Farmland. Pappeln und kleine Teiche bestimmen das Bild, im Herbst durch die Laubfärbung verfeinert. Nach circa 6 mi gibt's einen schönen Blick in den rechts unten

Auf dem Weg hinauf zum Kolob Reservoir

liegenden Sunset Canyon. Die Landschaft ist besonders in dem zum National Park gehörenden Teil dicht mit immergrünem Nadelgehölz bestanden. Vor allem die schon zum Teil abgestorbenen Utah Junipers machen - dicht heran, viel Schärfe - mit ihrer hellen Rinde ein schönes Motiv. Von diesem in der Mitte gelegenen Teil aus ist vor allem der Blick zurück in die Weite des Virgin River Valley beeindruckend und man sieht die Westwände des Zion Canyon quasi von außen. Weiter oben folgen schöne Ausblicke in das linker Hand liegende Hopp Valley und auf die vielen grün bewachsenen Felsmonolithe. Sie werden besonders vom Morgenlicht gut in Szene gesetzt. Nehmen

Weiter Blick über doe Landschaft auf der Kolob Terrace

Sie am Blue Springs Reservoir den kurzen Abzweig nach Osten zum **Lava Point**. Er gewährt einen spektakulären Blick über das Horse Pasture Plateau und in den Kolob Creek Canyon. Streiflicht am Vormittag oder Nachmittag ist hier perfekt für ein wunderbares Panorama. Auf 2700 m Höhe erreicht die Straße das Reservoir. Hier fallen vor allem die großen Bestände alpiner Weißbirken vor der spiegelnden Wasserfläche auf. Am Abend setzt das Licht der untergehenden Sonne die Kolob Terrace im Westen wunderbar in Szene.

Motive in den Kolob Canyons

Auf der Anfahrt von Süden über die I-15 sind die bemerkenswerten roten Cliffs der Kolob Canyons schon kurz hinter Toquerville sichtbar. Von den Aussichtspunkten entlang dem Scenic Drive sehen Sie

aber nur die Vorderseite des Kolob Plateaus und die Eingänge der von Ost nach West verlaufenden Finger Canyons. Die Parkstraße führt über 5 mi erst nach Osten dann nach Süden hinauf zum hoch gelegenen Kolob Canyons Viewpoint. Überall finden sich kleine Wacholderbüsche, die Sie mit ins Bild einbeziehen können. Schon nach dem ersten Anstieg des Scenic

Die Finger Canyons vom Kolob Canyons Viewpoint aus

Drives haben Sie einen guten Blick auf die Öffnungen der Finger Canyons, am besten am Nachmittag, wenn die Sonne tiefer im Osten steht. Je näher Sie den hoch aufragenden Felsklippen dann kommen, um so dramatischer wird der Anblick. Vermeiden Sie das harsche Mittagslicht, abends ist es sehr viel spektakulärer. Timbertop Mountain ist die prominenteste Erhebung und führt bei klarem Himmel am späten Nachmittag schöne Licht- und Schattenspiele vor.

Im Nordteil lohnt es sich, den Taylor Creek Trail zu gehen. Er führt über 4,3 km (137 m Höhenunterschied, 3 Std. hin und zurück) durch die mittlere Gabel des Taylor Creek zum Double Arch Alcove, einem höhlenartigen Felsüberhang über dem zwei geschlossene Felsbögen in dem 800 m hohen Cliff schweben. Ein 24er fängt den in der Mittags-

zeit orangerot glühenden Fels sowie die kontrastierende Vegetation im Vordergrund gut ein. Der Weg beginnt bei Meile 3 auf der Scenic Road und ist sehr leicht zu gehen.

Der Kolob Arch Trail (21 km/12 Std. hin und zurück, 213 m Höhenunterschied) führt ab dem Lee Pass Parking Area an der Kolob Canyon Road entlang dem Timber- und La Verkin Creek zum

Der versteckt liegende mächtige Spann des Kolob Arch

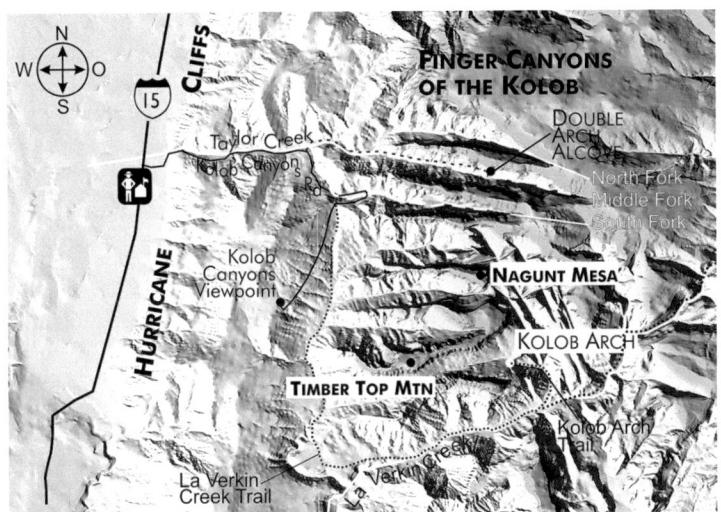

Kolob Arch. Kolob Arch konkurriert mit dem Landscape Arch im Arches NP um die Ehre, der längste natürliche Felsbogen der Welt zu sein. Wem der Titel zu Teil wird, hängt davon ab, wie gemessen wird. Der Mittelwert der letzten Messungen des Kolob Archs beträgt 89,6 m womit er den Landscape Arch um just 1,2 m übertrifft. Leider liegt Kolob Arch an der Ostseite einer hohen Felswand, was bedeutet, dass er nur von morgens bis mittags direkt von der Sonne beleuchtet wird. Die andere Hälfte des Tages liegt er mehr oder weniger im Schatten. Wenn man nicht mitten in der Nacht loswandern will, ist es also nötig, vor Ort zu campieren, um diesen Riesen effektiv zu photographieren. Mehrtagestouren hierher müssen allerdings im Besucherzentrum angemeldet werden.

Der Timber Creek Overlook Trail beginnt am Kolob Canyons Picknick Area. Auf nur 800 m führt er entlang einer Felskante zu einem kleinen Gipfel, von dem aus Sie einen guten Ausblick auf den Timber Creek und die Kolob Terrace haben.

Minimalprogramm und Tagesablauf

Zwei Tage sollten es schon sein, um die unterschiedlichen Landschaften des Zion Canyons und der Mesa zu erleben. In dieser Zeit können Sie Angels Landing oder Observation Point erwandern und so die Schlucht von oben anschauen sowie, niedrigen Wasserstand vorausgesetzt, einen Gang in die Virgin River Narrows wagen.

Coral Pink Sand Dunes SP

- *Höhenlage 1830 m*
- *Rund 220 000 Besucher pro Jahr*

Sein Name ist Programm: Zwischen den Vermillion Cliffs im Süden und den White Cliffs im Norden erstreckt sich diese kleine Lawrence-von-Arabien-Landschaft. Im Gegensatz zu ihren farblosen Verwandten im Tal des Todes und der Sahara lässt die Mittagssonne die Dünen hier leicht rosa leuchten, was den Photographen freut, denn er braucht die Belichtung nicht zu korrigieren, um gleichzeitig zur Zeichnung in den vom Wind geformten Reliefs auch die Farbe zu erhalten.

Der Wind trägt den fein gemahlenen Navajo Sandstein aus dem Süden heran und lädt ihn, wenn er sich hier verlangsamt, ab. Die beiden rund 12 m hohen Hauptdünen befinden sich nahe dem Parkplatz und können leicht erstiegen werden. Neben Wandern, Photographieren oder Sandspielen wird das Dünenbuggy Fahren hier begeistert praktiziert, was den photogenen

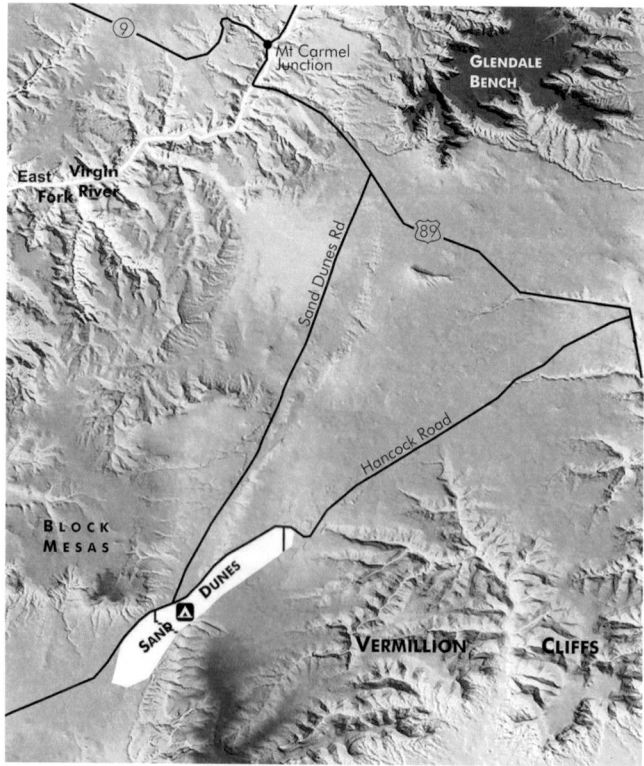

Sandhaufen eine Menge von ihrem Charme nimmt. Nach einem frischen Wind über Nacht, sind sie am Morgen aber wieder wie aus dem Ei gepellt. Das beste Licht herrscht allerdings am Abend, wenn die niedrigstehende Sonne die Dünen zuerst in Pink erglühen lässt, bevor sie sie in ein spektakuläres Rot taucht. Die Vermillion Cliffs im Süden verleihen der Wüstenlandschaft einen ansehnlichen Hintergrund.

Schöner Kontrast: Die Dünen vor den Vermillion Cliffs

Photographisch ist dieses Gebiet für Makros der vom Wind geformten Details und der vielen gelben Wildblumen rund um den hölzernen Besucherweg sowie Übersichtsaufnahmen gleichermaßen prädestiniert.

12 mi südlich von Mount Carmel Junction ist der Park ab der Rt-89 über die geteerte Sand Dunes Road zu erreichen. Er verfügt über eine Rangerstation, zwei Campingplätze auf denen auch Wohnmobile Platz finden sowie Toiletten und Duschen und ist ganzjährig geöffnet.

Smithonian Butte Scenic Backway

Den südlichen Teil des Zion NPs und den Coral Pink Sand Dunes SP können Sie von Springdale aus auf einer schönen, gut 77 mi langen Rundfahrt verbinden. Folgen Sie dazu der Rt-9 über die Mesa bis Mt Carmel Junction. Biegen Sie dort auf die Rt-89 ab, der Sie 3,5 mi nach Süden bis zur Kreuzung mit der Sand Dunes Road folgen. Sie führt Sie genau zu dem kleinen State Park.

Für den Rückweg nach Springdale folgen Sie der Sand Dunes Road nach Süden bis zu ihrer Kreuzung mit der Arizona Rt-

Mt Kinesava, Johnson Mtn und The Watchman vom Smithonian Butte Backway

389. Ihr folgen Sie entlang den Vermillion Cliffs nach Nordosten. Ab der Grenze Arizona /Utah heißt die Strecke Rt-59. Nach gut 10 mi zweigt der Smithonian Butte Scenic Backway nach Norden ab. Er führt Sie über die namengebende Erhebung des Smithonian Butte nach Rockville und zur Rt-9. Von der höchsten Stelle der Strecke aus haben Sie einen spektakulären Blick auf den Eingang des Zion Canyons mit dem Watchman auf der rechten und den Virgins auf der linken Seite. Auf ihrem Weg von Ost nach West setzt die Sonne diese Szenerie vormittags und nachmittags ins beste Licht. Der Backway ist zwar nicht asphaltiert, bei trockener Witterung aber problemlos zu befahren. Nach Regenfällen kann er dagegen nahezu unpassierbar sein.

Vor der letzten Anhöhe erreichen Sie den Abzweig nach Westen zur gut erhaltenen Grafton Ghosttown. Der Ort stammt ursprünglich aus dem Jahre 1859 und wurde nach unregelmäßigen Überschwemmungen durch den Fluss bis 1920 mehrfach neu aufgebaut. Die ersten drei Häuser an der Zufahrtsstraße und die Kirche sind für Besucher zugänglich, die restlichen Gebäude dürfen nicht betreten werden. Auch hier wurden Szenen von „Butch Cassidy and the Sundance Kid" gedreht.

Die Ansicht von der Höhe des Smithonian Buttes loht an einem trockenen Tag durchaus auch einen extra Abstecher von Springdale aus. Biegen Sie in Rockville von der Rt-9 (Zion Park Boulevard) in die Bridge Road ein. Von ihr zweigt die Grafton Road nach gut 500 m nach rechts ab. Das ist Ihre Strecke.

So Sie Zion NP von Süden kommend erreichen, können Sie ab Hurricane der Rt-59 nach Süden folgen und über den Smithonian Butte Scenic Backway in einem lohnenden Umweg nach Rockville an der Rt-9 und weiter nach Springdale fahren.

f/64, if you have....

Mangelnde Schärfe ist in der Beurteilung zu Hause ein häufiger Grund für die Ablage „P". Abblenden bis ultimo ist aber auch nicht in jedem Fall der Weisheit letzter Schluß. Eine Alternative mit weitaus größerem Schärfegewinn ist die Verwendung der hyperfocalen Einstellung. Dabei stellen Sie nicht auf den Entfernungsindex am Objektiv ein, sondern das Unendlichsymbol (∞) wird der jeweils verwendeten Blende gegenübergestellt. Bei einem 24 mm Kleinbildobjektiv bringt das bei Blende 11 einen Schärfezugewinn von 100 cm im Nahbereich, denn die Tiefenschärfe beginnt statt bei 1,8 m schon bei 0,8 m! In vielen Fällen dramatischer Weitwinkel-Photographie werden Sie so zu Ergebnissen gelangen, die dem Großformat ähneln.

Bryce Canyon National Park

"..... und in den Park und hinauf und durch den Wald, vorbei an der Lodge und zum Fluss, wo ich in der untergehenden Sonne stehe und auf den am wenigsten überwältigenden, schwindelerregenden und am wenigsten massiven von allen schaue - aber vielleicht den erstaunlichsten - eine Million windgepeitschter Zinnen in Lachsrosa und feurigem Weiß, die alle wie Zuckerstangen miteinander verschmolzen sind - alles erinnert an eine kindliche Himmelsfantasie, und jenseits der offenen halbgrünen und halbwüstenartigen Ebene - und kalkweißen und mit Gestrüpp übersäten Bergen ..." Thomas Wolfe, *A Western Journal*

- 2000-2766 m hoch gelegen
- Im Schnitt 2,4 Millionen Besucher pro Jahr
- Hauptbesuchsmonat ist der August

Wie, Wo, Was

Zuckerstangen und Lollies, eine Schüssel voll Süßigkeiten, glühend, wie von innen erleuchtet und doch nur angestrahlt von der Morgensonne. So präsentiert sich das Bryce Amphitheater dem überraschten Betrachter. Dabei ruft der Name ganz falsche Erwartungen wach, denn wie die indianischen Ureinwohner schon festgestellt haben, ist der Bryce kein Canyon im bekannten Sinne. Attraktion des Parks ist vielmehr die Reihe der vier großen und 12 kleineren Amphitheater, die die Erosion in die Ostseite des langgezogenen Paunsaugunt Plateaus gefressen hat. In ihnen tritt der Claron Kalkstein der Pink Cliffs zu Tage, den Wind und Wasser mit unendlicher Geduld und Variation zu Säulen, Wänden, natürlichen Brücken, Rundbögen und Fenstern, kollektiv Hoodoos genannt, geschliffen haben. Der Phantasie sind keine Grenzen gesetzt und oft glaubt man Menschen oder Tiere in den Formen zu erkennen. Maßgeblicher Faktor dabei ist die physische Verwitterung, die den Fels durch direkte Krafteinwirkung (Frostverwitterung, Wurzelkraft der Pflanzen) formt. Alle zehn Jahre schrumpft der Canyon am Rand um rund fünf Zentimeter - für geologische Maßstäbe rasend schnell und wenn es früh am Morgen ganz still ist, können Sie die Steinchen knacken und rieseln hören. Für die überreichen Farben sorgt die Oxydation der chemischen Stoffe im Gestein, ausgelöst durch die Säuren im Regenwasser: Die roten und gelben Farbtöne sind dem Eisen zu verdanken, die Blauen und Violetten dem Mangan.

Das Plateau ist mit Ponderosa Kiefern, Tannen, Fichten, uralten Bristlecone Pines sowie dichten Hochwiesen bedeckt und gehört durch seine Abgeschiedenheit zu den stillsten Plätzen in ganz Amerika. Ebenfalls bemerkenswert ist die hohe Luftqualität, die, verbunden mit der Abwesenheit störender Lichtquellen in der Umgebung, für ganz ausgezeichnete Möglichkeiten zur Sternenbeobachtung und -photographie sorgt.

„Unka-timpe-wa-wince-pock-ich" – „rote Steine, die wie Menschen in einer Schale stehen" nannten die Indianer dieses Gebiet treffend

33

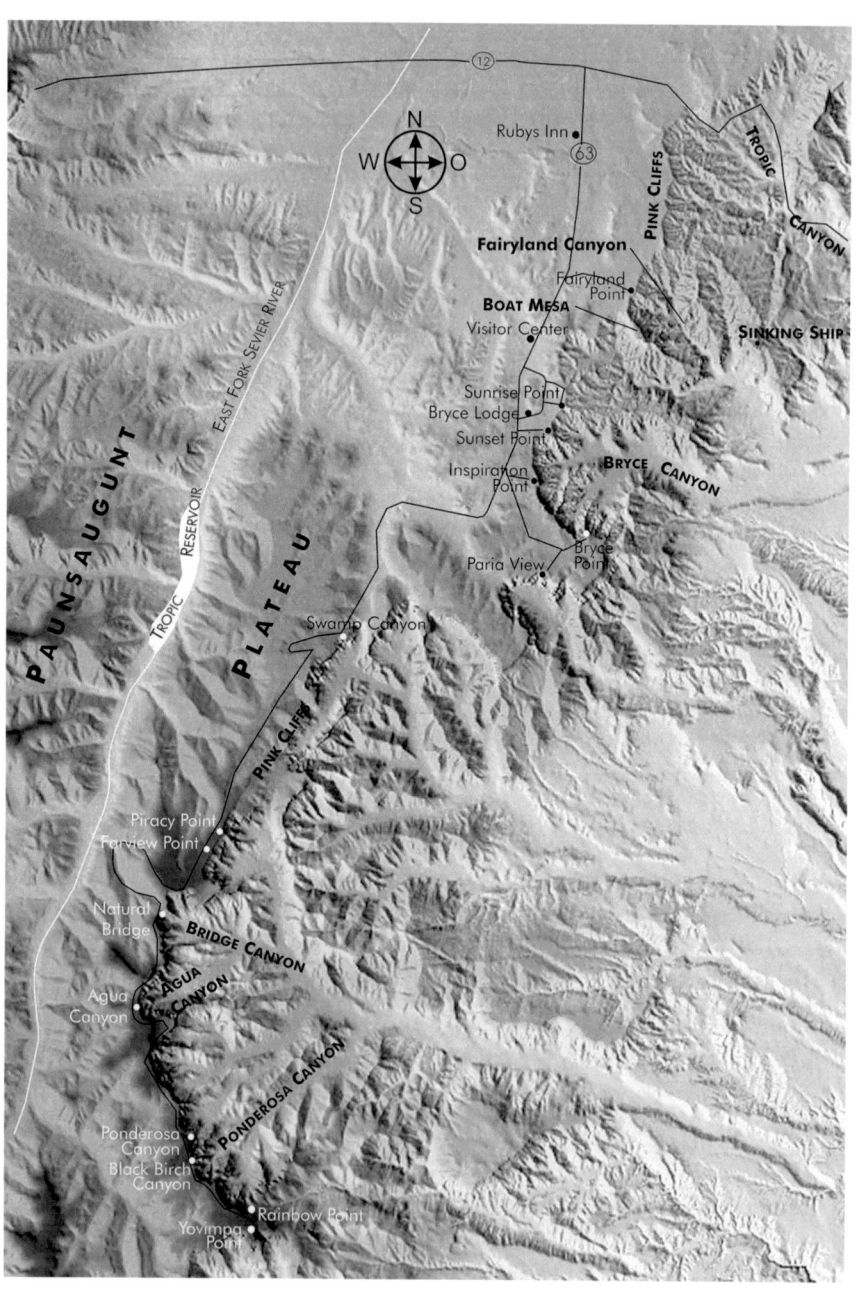

Wegweiser

Bryce Canyon liegt gut erreichbar am westlichen Ende der Rt-12. Eine 29 Kilometer lange Parkstraße erschließt die Aussichtspunkte auf dem geschützten südlichen Teil des Paunsaugunt Plateaus. Der Park ist immer geöffnet und es stehen 2 Campingplätze (keine Hook-ups für Wohnmobile, First Come-First Served) und die historische Bryce Canyon Lodge zur Übernachtung zur Verfügung (Reservierung auf http://www.brycecanyonlodge.com). Direkt außerhalb liegt Rubys Inn Campground and Motel. Dort können Sie PKW anmieten und Rundflüge per Helicopter und Flugzeug arrangieren.

Innerhalb des Parks können Sie sich mit dem eigenen Fahrzeug oder, was zumindest tagsüber weniger stressig ist, mit kostenlosen Pendelbussen bewegen. Der Bryce Canyon Shuttle verkehrt von Ende Mai bis Ende September von 08:00 Uhr bis 20:00 Uhr alle 15 Minuten durch den Park. Der Bus hält an folgenden Punkten:

Das Bryce Canyon Amphitheater. Im Vordergrund The Sentinel.

Bryce Canyon City Shuttle Station – Old Bryce Town – Best Western Grand - Best Western Ruby's Inn – Ruby's Campground – National Park Visitor Center – Sunset Campground – Bryce Point – Sunset Campground – Sunset Point – Bryce Lodge – Sunrise Point – Visitor Center – Ruby's Campground - Shuttle Station

Geographische Orientierung und die photogensten Tageszeiten

Bryce Canyon ist kein Park für Langschläfer. Die Ostorientierung der Hoodoo-Formationen bedeutet frühes Aufstehen, denn sie werden besonders vom Morgenlicht verwöhnt. Dem Sonnenaufgang voraus geht oft eine wunderbare Purpurfärbung des Himmels, die ebenfalls auf die Formationen reflektiert. Auch am späten Nachmittag steht die Sonne nochmals im richtigen Winkel, um das Rot der Klippen leuchten zu lassen und den Bildern

Blick von Bryce Point über das Bryce Amphitheater

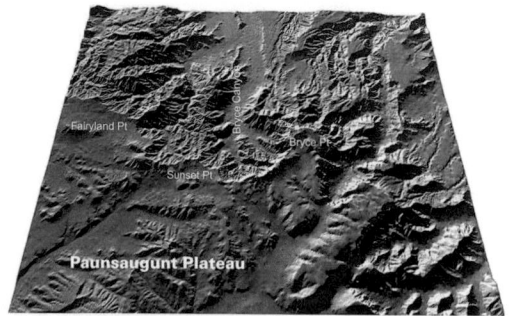

Blick nach Osten über den Bryce Canyon am 01.07. um 06:00 Uhr
Sonnenaufgang um 05:16

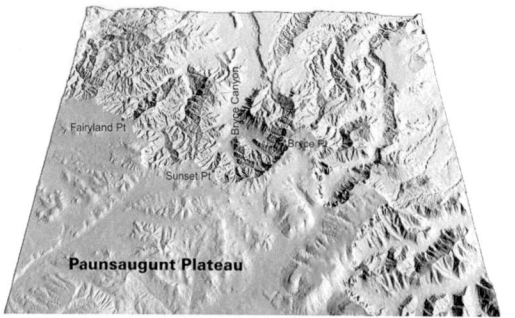

Blick nach Osten über den Bryce Canyon am 01.07. Um 12:30 Uhr

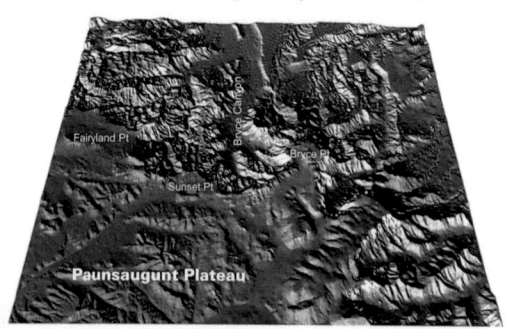

Blick nach Osten über den Bryce Canyon am 01.07. um 19:00 Uhr
Sonnenuntergang um 19:47 Uhr

mit ihrem Schattenwurf Tiefe zu geben. Der Sonnenuntergang empfiehlt sich dagegen nicht, da das Plateau die Canyons dann gegen die Sonne abschirmt. Die Mittagszeit bzw. die Stunden davor und danach bieten sich an, um die Felsen von unten, von einem der Wanderwege aus, gegen einen zumeist strahlend blauen Himmel aufzunehmen.

Bryce Canyon in den Jahreszeiten

Das Wetter im Frühjahr und Herbst ist sehr abwechslungsreich. Es kann tagsüber sowohl Schnee als auch Sonnenschein und 21° C bringen. Die Sommertemperaturen liegen um 26° C am Tag und bis hinunter zu 4° C in der Nacht. Der Juli ist in der Regel der wärmste Monat. Im Spätsommer gibt es nachmittags häufig Gewitter, die die Kontraste mit schöner Wolkenbildung dramatisieren. Im Winter können es Kaltfronten aus Alaska bis in die Höhen des Colorado-Plateaus schaffen und Temperaturen bis -30° C bringen. Die Temperaturen in den Winternächten liegen generell unter 0° C. Mit Schneefall muss zwischen Oktober und April immer gerechnet werden. Der März ist der schneereichste Monat. Die weiße Pracht kontrastiert dann wunderbar mit den roten Felsen.

Aufgrund der Höhenlage ist die Sonne das ganze Jahr über sehr intensiv und so sollte man nie auf Sonnencreme und einen Hut verzichten. Die Kleidung sollte den wechselnden Temperaturen und dem zuweilen scharfen Wind angepasst sein, das Zwiebelschalen-Prinzip ist anzuraten.

Photographische Besonderheiten

Milde Unterbelichtung im Bereich 1/3 Belichtungsstufe hilft dem analogen Silberfilm die feinen Farben zu erhalten. Versuchen Sie so oft wie möglich Vordergrundobjekte, wie Bäume oder Felskanten, mit ins Bild einzubeziehen, um den Bildern zu größerer Tiefenwirkung zu verhelfen und so die Dimensionen der Amphitheater deutlich zu machen.

Motive entlang der Parkstraße

Fairyland Canyon ist der allererste Aussichtspunkt nach dem Passieren der Parkgrenze und nur in Fahrtrichtung Visitor Center ausgeschildert. Da er keinen Ausblick auf das Bryce Amphitheater bietet, wird er von nur wenigen Besuchern frequentiert, ist aber nichtsdestoweniger einen Besuch wert. Nach einem kurzen Abstieg in das Innere der Kalksteinformationen bieten sich gute Nahaufnahmemöglichkeiten in oft dramatischem Zwielicht. Obwohl der Ausblick nach Osten geht, ist dies keine gute Sunrise-Location, da die Sicht durch höher gelegene Landschaftsteile versperrt wird. Nach Nordosten schaut man auf die markante Formation des Sinking Ship. Lassen Sie sich etwas Zeit und tun Sie einige Schritte um den Parkplatz herum: Entlang der Bruchkante des Canyons befinden sich viele interessant gewachsene Bäume, die Sie zur Beförderung der Tiefenwirkung mit ins Bild einbeziehen können. Und auch als rahmengebendes Bildelement machen sie sich

Hoch aufragende Felswände in der Wall Street.

gut. Aufnahmen von solchen Bäumen mit freigelegten Wurzeln oder heruntergefallenen Felsen illustrieren ebenfalls das stetige Fortschreiten der Erosion. Eine besonders photogene Kiefer, deren Wurzeln von der Erosion schon fast ganz freigelegt sind, findet sich am Ende der nördlichen Cliffkante. Um zu ihr zu gelangen, folgen Sie dem Pattweg oberhalb des Fairyland Loop Trails.

Der Fairyland Loop Trail führt als Rundwanderweg über den Fairyland Trail in den Canyon hinunter und, vorbei an Formationen wie Chinese Wall, Tower Bridge, Oastlers Castle und der Boat Mesa wieder hinauf zur Bruchkante in der Nähe des Sunrise Point (8 km). Von hier aus können Sie über den Rim Trail zum Fairyland Point zurückkehren (5 km). Aufgrund der Gesamtlänge von 13 Kilometern und des Höhenunterschieds von 265 m täten Sie dem Weg unrecht, würden Sie weniger als 6 Std. für ihn einplanen. Diese Route wird wenig frequentiert und Sie kommen den Hoodoo-Formationen näher als auf allen anderen Trails im Park.

Visitor Center
63
Bryce Lodge
Sunrise Point
Sunset Point
Inspiration Point
Rim Trail
Bryce Point
Rim Trail
Queens Garden Trail
Navajo Loop Trail
BRYCE CANYON
BOAT MESA

N
W — O
S

Sunrise Point ist hoch genug gelegen, um zu erleben, wie die Sonne über den Horizont steigt. Leider wird das auch durch seinen Namen verraten und so herrscht hier am Morgen fast immer Gedränge. Für wirklich gute Bilder des Ereignisses fehlt allerdings der Vordergrund und so birgt einzig der Blick in das rechts gelegene Amphitheater einige gute Übersichten oder Telemotive. - Man ist einfach zu weit oben, um die Formationen oder Bäume aktiv mit ins Bild einzubeziehen.

Am Sunrise Point beginnt der Queens Garden Trail, der leichteste, farbigste und photogenste Wanderweg in den Canyon (2,9 km hin und zurück, Höhenunterschied 98 m, 1,5 Std.). Auf dem Weg finden sich einige in die Felsen geschnittene Tunnel, die den Bildern einen ungewöhnlichen Rahmen verleihen können. Die Formation am Ende des Weges ähnelt der Königin Victoria und gab ihm seinen Namen. Zwischen Sunrise- und Sunset Point fällt die Plateaukante an einigen Stellen steiler als 45° ab, so dass Hoodoo-Formationen dort seltener entstehen können. Diese diagonalen Erosionslinien lassen sich von mittlerer Höhe aus gut zu einer abstrakten Ansicht verdichten. Auf dem Weg nach unten erscheinen die tiefer liegenden Formationen aufgrund ihrer weichen Linien und Farbverläufe wie Sanddünen. An schattigen Plätzchen gedeihen Wildblumen. Die einsame Stellung der Bristlecone Pines auf einer leichten Anhöhe an der Kreuzung mit dem Peek-a-boo Loop Trail wird am besten vom kühlen Licht vor Sonnenaufgang unterstrichen. Wenn Sie Queens Garden- und Navajo Loop Trail verbinden, nutzen Sie das Licht gut aus, wenn Sie morgens am Sunrise Point starten und mittags durch die Wall Street wieder aufsteigen.

Sunset Point hat die allerbeste Lage im Park und den spektakulärsten Ausblick nach Norden zum Sunrise Point sowie nach Süden zum Bryce Point und die darunter liegende Menge der vielfarbigen Formationen. Er ist exzellent geeignet, die dem Sonnenuntergang vorausgehenden Lichtstimmungen des späten Nachmittags mit einer Brennweite um die 200 mm auf den Formationen Wallstreet, Cathedral und Organ einzufangen. Entgegen seinem Namen ist der Sunset Point ein Tip für den Sonnenaufgang, da er einen perfekten Ausblick auf die im ersten Licht badenden Formationen im Osten hat und zu dieser Zeit meist recht leer ist.

Der am Sunset Point beginnende Navajo Loop Trail (2,4 km hin und zurück, 159 m Höhenunterschied, 2 Std.) ist kurz genug, um ihn einmal früh am Morgen und ein zweites Mal in der Mittagszeit zu gehen, um die Wall Street im besten Licht zu erwischen. Der halbe Weg bis zu Thor's Hammer ist ebenfalls am Nachmittag sehr gut beleuchtet. Bergab können Sie aus der fünften Serpentine heraus genau geradeaus die schlanke Felsnadel des Sentinel im Licht der Morgen- oder Abendsonne aufnehmen. Linker Hand findet sich hier eine mächtige Felswand, The Wall, mit einigen Durchbrüchen, an deren Kanten man die Sonnenstrahlen brechen oder durch die man das dahinterliegende Gelände gut rahmen kann. Nur wenige Schritte weiter bergab sind Sie in guter Position, um Thor's Hammer bei Sonnenaufgang aufnehmen zu können. Seien Sie vor Sonnenaufgang in Position, um die Sonne zu erwischen, wenn sie hinter dem

Am Fairyland Canyon

geradlinigen Monolithen ihren Weg durch den Tag beginnt. Vermeiden Sie den allzu großen Kontrast bevor sie seine Oberkante erreicht, in dem Sie die Perspektive mit einem leichten Tele straffen und auf den Vordergrund belichten. Schließen Sie die Blende sobald die Sonne einen Fingerbreit über den Felsen lugt und orientieren Sie die Belichtung weiterhin am Vordergrund. So erhalten Sie einen richtig belichteten Monolithen, den ein gezackter Sonnenstern krönt. Den Himmel können Sie auch mit einem zweistufigen Grauverlauffilter zurückhalten und der Aufnahme so etwas Mystisches geben. Eine exakte Kontrastmessung sowie Blendenreihen in 1/3 Stufen helfen dem Analog-Photographen, die subjektiv richtige Belichtung einzukreisen. Damit kann sein digitaler Kollege natürlich auch arbeiten, aber prinzipiell hat es besser, denn er braucht sich nicht um genaue Werte zu scheren. Eine schnelle Aufnahmeserie zwischen Über- und Unterbelichtung, die später am Computer zu einem quasi High Dynamic Range Image (HDRI) kombiniert wird, erleichtert ihm das Leben („quasi", weil dabei

Thors Hammer.

fast immer in 8-Bit gespeichert wird, so für jeden Farbkanal nur 256 Helligkeitsstufen zur Verfügung stehen. Um den tatsächlich vorhandenen Helligkeitsumfang zu speichern, so, wie es echte HDR-Bilder tun, sind aber mehr Bits, also mehr Helligkeitsstufen notwendig). Dazu sollte ein Stativ verwendet werden. Unter- und Überbelichtung sollten durch Verlängern oder Verkürzen der Belichtungszeit, nicht aber durch Ab- oder Aufblenden, realisiert werden. Letzteres verändert auch die Schärfentiefe, und das ist selten gewünscht. Bei zu stark bewegten Motiven oder wenn Sie kein Stativ dabei haben, hilft auch folgender Trick bei der RAW-Entwicklung des Bildes: Man entwickelt einmal auf die Lichter und einmal auf die Schatten, so dass man zwei Bilder hat, die im jeweiligen Bereich Zeichnung aufweisen. Beide werden dann, wie zuvor, im Bildbearbeitungsprogramm zu einem Einzigen kombiniert, das die gewünschte Charakteristik aufweist.

Suchen Sie sich irgendwo in der Mitte der nun folgenden engen Serpentinen ein Plätzchen und warten Sie ein Weilchen ab, wie die ziehenden Wolken Schatten werfen und sich direktes und indirektes Licht abwechseln. Der Blick hinunter ist dramatischer als in entgegengesetzter Richtung. Unten angekommen geht's einmal links um die Ecke zu den Twin Bridges, zwei kleinen natürlichen Felsbrücken.

Bryce Point. Morgenlicht auf den Formationen des zentralen Amphitheaters.

Ein Stückchen weiter haben Sie einen guten Blick von unten in die Silent City. Schön zu sehen sind von hier die vielen Türmchen mit ihren spitzen Enden, in denen die Phantasie Hasenohren, Affen, Krokodile, Eulen, Hunde und anderes Getier oder einfach nur unendlich verschieden geformte Felsspitzen erkennt. Rechts um die Ecke geht's weiter in die enge Klamm der Wall Street. Bis auf 6 m rücken die hoch aufragenden Wände hier aneinander und das steil von oben einfallende Licht verhilft ihnen zu dramatischer Beleuchtung. An ihrem unteren Ende ragen zwei überaus photogene Douglas Tannen steil in den Himmel zwischen den Canyonwänden und verlangen nach einer Brennweite < 28 mm und einem tiefen Aufnahmestandpunkt. Haben Sie den folgenden steilen Anstieg durch die enge Passage geschafft, können Sie ein wenig verschnaufen. Durch die Öffnung in der Felswand zu Ihrer Linken haben Sie einen guten Blick aus gleicher Höhe auf die vielen spitzen Formationen der Silent City. Ein leichtes Tele verdichtet sie am besten im weichen Morgenlicht.

Das zentrale Bryce Amphitheater können Sie besonders ausgiebig auf einer nicht allzu anstrengenden Halbtags-Wanderung (10,3 km) erkunden. Starten Sie dazu am Sunset Point über den Navajo Trail, der Sie 1,5 km weit in die Hoodoos hinunterführt. Absolvieren Sie dann den 5,6 km langen Peek-aboo Loop Trail bevor Sie den Rückweg zum Rim über die 2,4 km des Queens Garden Trails beginnen. Vom Sunrise Point sind es dann nur noch 800 m

Formenvielfalt der Hoodoo-Formationen.

Felsbrücke am Natural Bridge Viewpoint

zurück zum Sunset Point (Höhenunterschied 164 m). Eine zweite Variante (11 km) führt Sie vom Bryce Point über den Under-the-Rim Trail (2,4 km), die östliche Hälfte des Peek-a-boo Trails (2,4 km) und den Queens Garden Trail (2,4 km) zum Sunrise Point. Zurück zum Bryce Point sind es dann 3,8 Kilometer über den Rim Trail (Höhenunterschied 249 m). Der Rim Trail zwischen Fairyland Point und Bryce Point ist einfach zu gehen und weist nur auf seiner südlichen Hälfte etwas steilere Abschnitte auf. Er misst 8,6 km.

Der Inspiration Point besitzt drei Aussichtsetagen. Von den unteren beiden haben Sie einen schönen Blick auf die Formation der Silent City, die obere schaut in Richtung Bryce Point. Sie ist ebenfalls hoch genug, um im Westen den Sonnenuntergang zu beobachten. Hier sollten Sie sein, bevor die Sonne zu hoch steht und der Nordteil wieder im Schatten liegt, also gleich nach Sonnenaufgang.

Bryce Point ist super, um das frühmorgendliche Seitenlicht auf den Formationen des zentralen Amphitheaters zu beobachten. Für diese wunderbare Szene eignen sich Brennweiten um die 35 mm für Übersichten und ab 180 mm für Details. Ebenfalls gut zu beobachten ist die horizontale und vertikale Abfolge der Schichten und Farben. Je nach Bewölkung ist das Licht im Sommer bis 08:00 oder 08:30 Uhr gut. Von hier oben aus kann man im Westen die Grottos sehen. An ihnen können Sie die verschiedenen Lichtsituationen des Tages festmachen. Bei tiefstehender Sonne stehen sie wie ein scharfgezeichnetes Relief heraus, bei bedecktem Himmel sind sie scheinbar nicht vorhanden.

Rainbow Point. Im Vordergrund The Poodle. Dahinter die nach Norden verlaufende Bruchkante des Paunsaugunt Plateaus.

Paria View ist der letzte Aussichtspunkt in der Reihe entlang der Amphitheater. Der Blick geht von hier aus über das Paria Valley, bietet photographisch aber wenig Interessantes. Am Morgen herrscht am äußersten Ende des Weges das beste Licht für den Blick ins Tal.

Der Panorama-Ausblick vom folgenden Farview Point ist bei tiefstehender Sonne am besten. Der

42

Blick nach unten geht auf die dicht bewaldeten Vorberge des Plateaus, ist ohne förderliche
Beleuchtung am Morgen oder späten Nachmittag aber eher undramatisch.

Natural Bridge ist eigentlich der falsche
Name für diesen Aussichtspunkt, denn bei der
Formation handelt es sich eigentlich um einen
Arch. Der Unterschied? Felsbrücken werden
von durch sie hindurchfließendem Wasser
geschaffen, Felsbögen von der Wind und
Regen innewohnenden Erosionskraft. Natural Bridge gehört zu den besten Aussichtspunkten an diesem Teil der Parkstraße. 24-28
mm fangen den Felsbogen zu jeder Tageszeit
effektvoll ein.

Am Aqua Canyon sehen Sie rechter Hand
zwei große, einzeln stehende Hoodoos.

Ponderosa Canyon View bietet den effekt-
vollen Rahmen für einen spektakulären Son-
nenauf- oder -untergang, ist aber „just Panora-
mic", da kaum etwas für eine aktive Vordergrundgestaltung wächst.

Yovimpa Point. Bristlecon Pine.

Rainbow Point liegt ein wenig nördlich hinter einer Straßenbiegung.
Ganz am linken Ende des Aussichtspunktes befindet sich die Formation

The Poodle, rechts davon eine Formation, die
einem Löwenkopf ähnelt. Er ist aufgrund
seiner Höhenlage der zweite Aussichtspunkt,
von dem aus Sie den Sonnenuntergang verfolgen können. Die Ausblicke sind panorama-
schön, wirken ohne akzentuierenden Vordergrund aber flach und leer. Die erkennbaren
Felsformationen sind, verglichen mit denen
der großen Amphitheater, klein und unspek-
takulär. Rainbow Point ist mit Yovimpa Point
durch den Bristlecone Loop Trail (1,6 km
Roundtrip, 31 m Höhenunterschied, 1 Std.)
verbunden, der teils durch den immergrünen
Baumbestand, teils nah an der Felskante ent-
langführt und dramatische Ausblicke bietet.
Das Totholz rechts und links des Weges, vor
allem die großen Wurzeln, lassen sich zu tollen
Stilleben verarbeiten. Das bleiche graue Holz
kontrastiert gut mit einem blauen Himmel
und dem Grün der Vegetation. Nahe der
Cliffkante stehen die schönsten Exemplare
der uralten Bristlecones, das mit 1600 Jahren
Älteste nah der Kliffspitze, von wo Sie spekta-

Startrails - Die Bewegung der Gestirne
bei mehreren Stunden Belichtungszeit.

kuläre Blicke in den Dixie Nat.'l Forest, auf den Navajo Mountain sowie auf das Kaibab Plateau in Richtung Grand Canyon North Rim haben.

Die Bristlecone Pines gehören zu den ältesten lebenden Pflanzen der Erde. Einige Exemplare in den kalifornischen White Mountains sind bereits 6000 Jahre alt. Im kühlen blauen Licht des frühen Morgens sind ihre verzerrten Formen und glattpolierten Wurzeln ein wunderbares Motiv und verlangen geradezu nach Nahaufnahmen (für das Timing zum Sonnenaufgang: Von Rubys Inn bis hierher fährt man circa 30 Min.). Hier draußen an der Kliffspitze weht oft ein steifer Wind, der nach einer Jacke, einem Stativ und einer Portion Geduld verlangt.

Yovimpa Point ist der südlichste Punkt im Gebiet des Plateaus und bietet Panoramablicke nach Osten, Süden und Westen, womit er sich ebenfalls als guter Standpunkt für den Sonnenaufgang ausweist. Er ist mit 2800 Metern der höchste Punkt auf den Pink Cliffs und bietet unter guten Voraussetzungen Fernsicht bis nach New Mexico. In südwestlicher Richtung können Sie den gesamten Verlauf des Grand Staircase verfolgen.

Wenn Sie den Aussichtspunkten einmal keine neuen Einsichten mehr abgewinnen können oder wollen, bietet sich der Under-the-Rim-Trail an. Über 35 km (Höhenunterschied 750 m) führt er vom Bryce Point im oberen Drittel des Parks zum Rainbow Point am Südende immer unterhalb der

2000 Jahre Bristlecon Pine auf dem Bristlecone Loop Trail.

Bruchkante entlang. Auf ihm können Sie einfache Tagestouren und, dank der 8 Campsites am Weg, auch längere Trips unternehmen. Einzelabschnitte erreichen Sie vom Sheep Creek Trail Parking Area, Swamp Canyon Viewpoint, Whiteman Trail Parking Area und vom Ponderosa Canyon Overlook aus. Denken Sie daran, auf allen Wanderungen stets genug Wasser, mindestens 2 l pro Person, mitzuführen.

Minimalprogramm und Tagesablauf

Mindestens einen halben Tag sollte man dem Bryce Canyon widmen und ihn mit dem Sonnenaufgang am Bryce Amphitheater beginnen. Daran sollte sich der Gang über den Navajo Loop Trail anschließen. Das Programm für einen ganzen Tag sollte mit dem Sonnenaufgang am Sunset- und Bryce Point beginnen. Daran schließen sich eine Wanderung über den Navajo Trail und eine Fahrt über den Scenic Drive zum Rainbow Point an. Nachmittags können Sie einen Teil des Rim Trails erkundet, bevor das Programm mit dem Sonnenuntergang wiederum am Sunset Point endet.

Cedar Breaks National Monument

- **3300 m hoch gelegen**
- **Im Schnitt 650 000 Besucher pro Jahr**
- **Hauptmonat ist der Juli**

Wie, Wo, Was

Cedar Breaks – Cedar für die Bäume, die eigentlich Wacholderbüsche sind und Breaks für die Beschreibung der umgebenden Badlands – so nannten die Pioniere dieses über 800 m tiefe Amphitheater, dass die Erosion in die Westflanke des 3470 m hohen Markagunt Plateaus, die Pink Cliffs, gefressen hat. Etwas poetischer sagten die Paiute Indianer „uncircap-i-cun-ump" oder „Kreis der farbigen Felsen". Ein Halbkreis der beinahe fünf Kilometer misst und dessen Formationen es in puncto Farbigkeit und Variation sehr wohl mit denen im Bryce Canyon aufnehmen können, sie durch ihre stärkere Rot- und Purpurfärbung zum Teil sogar übertreffen. Ein nicht zu verachtender Vorteil ist das verglichen mit Bryce sehr viel geringere Besucheraufkommen.

Die Canyonkante liegt beinahe 3300 m hoch und ist mit Inseln von Fichten, Tannen und Espen bestanden, zwischen denen sich von Anfang Juli bis Mitte August weite Wildblumenwiesen erstrecken. Dies ist die beste Besuchszeit im Jahr. In der Sommersaison sind Tagestemperaturen zwischen 10-15° C zu erwarten. Nachts fällt das Thermometer dagegen auch dann bis auf -1 bis -5° C. Die große Höhe lässt die Laubfärbung schon im September beginnen. Der erste Schnee kann bereits Anfang Oktober fallen und sorgt für schöne Kontraste zu den farbigen Formationen. Aufgrund der Höhe und Offenheit weht entlang der Plateaukante häufig ein mehr als frischer Wind. Entsprechende Kleidung ist anzuraten, wenn man es dort länger als nur für einen flüchtigen Blick aushalten will. Im Frühjahr, Herbst und Winter ist ebenfalls immer mit Gewittern, vor allem am Nachmittag, zu rechnen, die die Bilder mit schöner Wolkenbildung bereichern können.

Wegweiser

Der Park liegt 23 mi östlich von Cedar City an der Rt-148. Die Saison läuft von Juni bis Mitte Oktober, in den restlichen Monaten versperrt der in dieser Höhe reichliche Schnee den Zugang und Sie gelangen nur mit Schneemobilen oder auf Schneeschuhen an den Rand des Amphitheaters. Im Park gibt es nur einen 30 Plätze großen Campingplatz ohne Hook-ups für Wohnmobile (First come-First served). Motels, und was man sonst noch zur Versorgung braucht, finden Sie im 8 km entfernten Ski Resort Brian Head, über 3750 Meter hoch gelegen, das ebenfalls einen tollen 360°-Rundblick bietet.

Das Cedar Breaks Amphitheater

Geographische Orientierung und die photogensten Tageszeiten

Das Amphitheater ist nach Westen geöffnet, so dass die Formationen besonders vom direkten, warmen Licht der Nachmittags- und Abendsonne profitieren.

Motive im und um Cedar Breaks Amphitheater

Vier Aussichtspunkte liegen von Nord nach Süd entlang dem 8 km langen Cedar Breaks Scenic Byway. North View, Chessman Ridge Overlook, Sunset View und Point Supreme bieten alle leicht unterschiedliche Ausblicke auf die Hoodoo-Formationen im tiefen Kessel des Amphitheaters. Point Supreme ist wohl der schönste, aber auch am stärksten frequentierte.

Der Wasatch Ramparts Trail zieht sich vorbei an der Gruppe uralter Bristlecone Pines am Spectra Point, das älteste Exemplar steht hier seit mehr als 1600 Jahren und endet an einem Aussichtspunkt mit Blick über das Amphitheater und in das Tal des Ashdown Creek (6,7 km hin und zurück, 280 m Höhengewinn). Sehr gut am Nachmittag und frühen Abend zu gehen.

Point Supreme - Formationen im Cedar Breaks Amphitheater.

Der Alpine Pond Loop Trail führt in einem Rundkurs im Nordteil des Parks um den dunklen, kleinen Alpine Pond durch die stark bewaldete Landschaft knapp unterhalb der Bruchkante des Amphitheaters (3,3 km hin und zurück, 187 m Höhengewinn).

Minimalprogramm

Ein ganzer Tag, um die Bristlecone Pines am Spectra Point ausgiebig am Morgen zu bearbeiten und die Formationen des Amphitheaters am Nachmittag aufzunehmen.

Schutzland oder Nutzland ?!

National Parks und National Forste grenzen an vielen Stellen eng aneinander und sie zu unterscheiden ist oft gar nicht so einfach. Dabei gibt es durchaus fundamentale Unterschiede zwischen beiden. Die National Parks arbeiten im Spannungsfeld zwischen der Bewahrung unberührter Landschaften oder kultureller Denkmäler und der Bereitstellung von Erholungsmöglichkeiten für die Bevölkerung. Wie schmal dieser Grat zwischen Schutz auf der einen und Zugang auf der anderen Seite ist zeigt sich in den besonders stark frequentierten Parks wie Grand Canyon oder Yosemite sehr deutlich. Löschen oder nicht löschen war darüberhinaus Frage und Ausgangspunkt einer Diskussion, die die großen Waldbrände der vergangenen Jahre entfacht haben. Durch Blitzschlag ausgelöste Brände sind eine ganz natürliche Sache die dazu beitragen die Wälder jung zu halten, für manche Arten sind sie maßgebend für die Fortpflanzung. Was aber, wenn sie weite Teile des Yellowstone National Parks verheeren ? Darf man korrigierend eingreifen oder muß man der Natur ihren Lauf lassen ? In solchen Fragen hat es der National Forest Service leichter. Er arbeitet unter der Maßgabe der „mehrfachen Nutzung der Resourcen zum Wohle der amerikanischen Menschen". Der Schutz und die ökologische Qualitätssicherung dient hier in erster Linie der fortgesetzten wirtschaftlichen Nutzung des Landes zum Holzeinschlag, als Weideland, zur Jagd und zur Erholung. Beide Behörden weisen aber auch wilderness areas aus die, von jeder commerziellen Nutzung freigehalten, die Landschaft in ihrer ursprünglichen Form erhalten sollen.

Die Scenic Route 12

● Höhenlagen zwischen 790 m an der Kreuzung mit der Rt-89, rund 3000 m am Boulder Mountain und 830 m an der Kreuzung mit der Rt-24

..... und hinauf ... in Richtung Bryce's Canyon auf der Hauptstraße nach Norden nach Salt Lake City - und nun, fast sofort, ein grüneres Land und Gras in Halbwüstenfeldern und Vieh und Rinder, die weiden, und nun bewaldete Hügel im Umriss nicht unähnlich den Feldern von zu Hause, und nun Farmen und grüne unglaubliche Felder und Heu und Bewegung und Dinge, die wachsen und grüne Bäume und kanaanische Annehmlichkeit und ein fließender Fluss (der Sevier) und (im Wüstenvergleich) ein fruchtbares Tal - und gelegentliche kleine Städte. ...und größtenteils gemein und flach und starr aussehend und Hügel, die sich zur Linken erheben - ein Ausblick in Lachsrosa, die Vermillion Cliffs schon wieder ...

Thomas Wolfe, *A Western Journal*

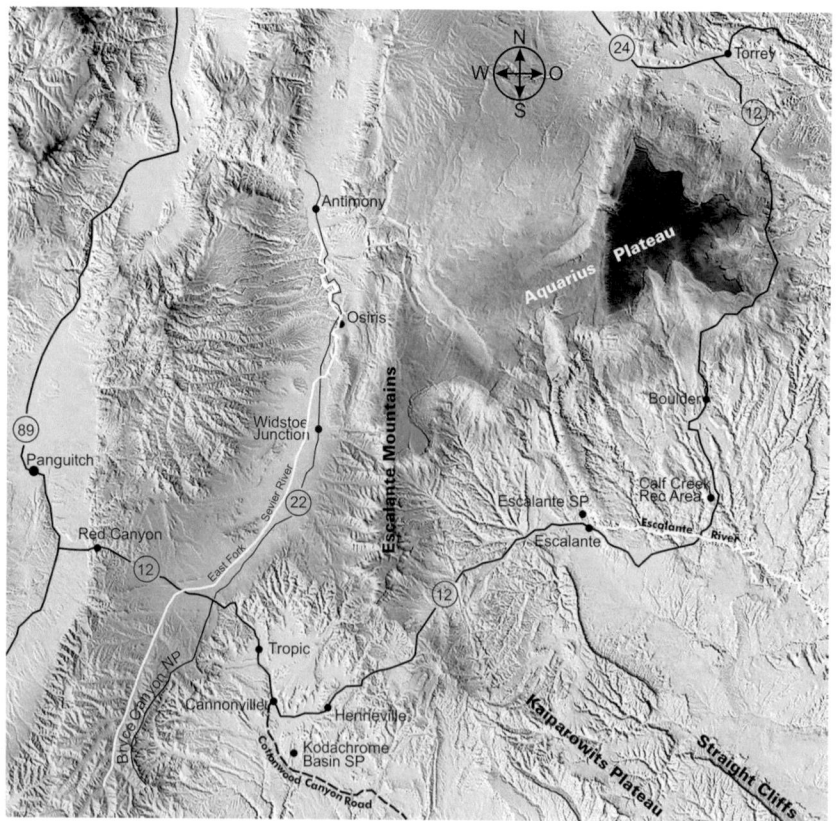

Wie, Wo, Was

Die Rt-12, als Scenic Byway ausgewiesen, zählt zu den schönsten Routen im Südwesten. Die 124 Meilen zwischen der Kreuzung mit der Rt-89 im Westen und Torrey an der Rt-24 im Norden sind bequem an einem Tag zu schaffen und Sie können dabei sogar kurze Besuche einiger Parks einbinden. Viel lohnender ist es aber zwei- oder drei Tage einzuplanen, um den vielen Photomöglichkeiten entlang der Strecke ausreichend Zeit einzuräumen. Die Rt-12 ist durchgängig mit Fahrzeugen aller Art befahrbar. In Tropic, Henrieville und Escalante kann man sich mit allem Lebensnotwendigen eindecken. Unmittelbar hinter der Kreuzung mit der Rt-89 liegt der kleine aber feine Red Canyon.

Red Canyon

Der Red Canyon liegt zwischen 2287 m und 2379 m hoch. Er ist Teil des Dixie Nat.'l Forest und ein guter Appetithappen auf die Erosionsformationen der Hoodoos und Felstürmchen im höher gelegenen Bryce Canyon. Dabei ist er weit weniger überlaufen als dieser. Auf gut 5 Meilen führt die Rt-12 durch die abwechslungsreiche Canyonlandschaft und schon direkt vor der Einfahrt bei Meile 2 finden sich rechts und links Haltemöglichkeiten, um das erste Panorama der roten Formationen aufzunehmen. Auf halbem Weg lohnt es sich, an dem kleinen Visitor Center zu halten und einen der Trails zu gehen. Auf ihnen gelangen Sie näher an die Formationen heran als im Bryce Canyon.

Der Pink Ledges Trail führt auf einem leichten 1,6 km langen Rundweg ab dem Visitor Center zu einigen sehr schönen Aussichtspunkten. Der Birdseye Trail ist steiler und anstrengender, bietet von der Höhe aus aber eine gute Übersicht und Sie können die Formationen in Kontrast zum flachen Tal des Sevier River setzen. Der Cassidy Trail führt oberhalb vom Besucherzentrum in einen stillen Canyon.

Das Morgen- und Nachmittagslicht setzt die Formationen gleichgut in Szene. Liegen sie im hellen Licht, sollte der gemessene Belichtungswert zur Sicherheit um -1/2 Belichtungsstufe korrigiert werden, um im analogen Silberfilm die Farben zu erhalten. Nach Durchfahrt der beiden kleinen Tunnelbögen weichen die Hoodoos zurück und die Wände glätten sich, bevor man den Canyon bei Meile 7 wieder verlässt.

Bei Meile 9 bietet sich auf der Rt-12 der erste gute Ausblick auf das gegenüberliegende Aquarius Plateau und Powell Point,

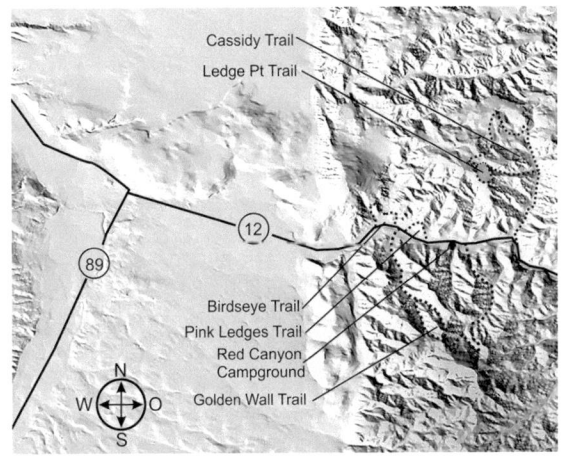

Rote Felsformationen im Red Canyon

am günstigsten vor der Mittagszeit. Danach ist das Licht zu flach und akzentuiert die schwächeren Farben der Kliffs nicht mehr wirkungsvoll.

An der Kreuzung mit der Rt-63 geht es rechts ab zum Bryce Canyon NP. Links führt die Johns Valley Road ins gleichnamige Tal zu den seit langem verlassenen Schwesterstädten Widstoe Junction und Osiris. Die ersten 14 mi bis Widstoe (diverse Gebäudereste) sind geteert. Dann folgen noch einmal 21 mi gut befahrbare Staubstraße bis nach Osiris. Die verbliebenen Überreste, vor allem das Schulhaus in Widstoe und der große Holz- und Steinbau der Molkerei in Osiris, sind sichtbare Zeichen der bäuerlichen Vergangenheit der Orte. Alle Gebäude sind in privatem Besitz und sollten nur von der Straße aus photographiert werden.

Zurück auf der Rt-12 können Sie bei Meile 15 von zwei Parkbuchten auf der rechren Seite in Richtung der Bryce Amphitheater sehen. Auf dieser Seite des Plateaus ähnelt die Landschaft mit ihren angedeuteten Hoodoos wieder dem Red Canyon. Bei Meile 21 erreicht die Route Tropic, von wo Sie einen kleinen Teil der Bryce Formationen mit einem anderen Blickwinkel, von unten, aufnehmen können. Nehmen Sie dazu eine der nach rechts abgehenden Seitenstraßen und fahren Sie soweit durch, bis die Stromleitungen das Bild nicht mehr stören.

In der Umgebung von Tropic scheint es, als ob die Natur Purzelbäume schlüge, so sehr rollen hier die Pink Cliffs, die Escalante Mountains und das Kaiparowits Plateaus über- und untereinander, ihre Farben vom flacher werdenden, kühlen Nachmittagslicht berauschend in Szene gesetzt. Ein Schatten hier, mal einer dort, setzt es seine eigenen Akzente und verhilft dem wilden Land zu einzigartiger Dramatik. Und was für Farben das sind: In erdigem Beige, Weiß, Braun und Grau schimmern die tieferen Regionen, besetzt mit dem frischen Grün des Frühlings, überragt vom Rot und Rosa der Bruchkanten des Bryce Canyon. Direkt in Cannonville zweigt die Cottonwood Canyon Road nach Süden von der Rt-12 ab.

Die Cottonwood Canyon Road

Direkt in Cannonville zweigt die Cottonwood Canyon Road nach Süden von der Rt-12 ab und führt auf gut 50 mi von der Rt-12 aus durch das Grand Staircase-Escalante NM zur Rt-89. Dabei folgt sie ein ganzes Stück weit dem Cockscomb, einer ebenfalls 50 mi langen wild gezackten Verwerfung der Erdkruste, die die Kanab Fault im Süden mit dem Canaan Peak im Norden verbindet. Die ersten 4 mi der Strecke bis zum Kodachrome SP sind geteert, der Rest ist passabel instandgehaltene Schotterpiste. Während einer Trockenperiode kann sie problemlos mit einem normalen PKW befahren werden. Stärkere Regenfälle können den nicht asphaltierten Teil dagegen sehr schnell unpassierbar machen. Erkundigen Sie sich in jedem Fall vor Ort nach den Streckenverhältnissen und dem Wetterbericht, damit Sie nicht zu jenen gehören, die jedes Jahr auf der Cottonwood Canyon Road liegen bleiben!

Willis Creek Gorge und Bull Valley Gorge

6 mi südlich von Cannonville zweigt die während der trockenen Jahreszeit gut befahrbare Skutumpah Road (führt durch den Johnson Canyon nach Kanab) nach Süden von der Cottonwood Canyon Road ab und

erreicht zuerst Willis Creek Gorge. Dort, wo die Strecke die Schlucht kreuzt, können Sie direkt in die Narrows hineingehen. Ein kurzes Stück weiter überquert eine Brücke, das an dieser Stelle sehr steile Bull Valley Gorge. 350 m westlich davon befindet sich eine Stelle, an der Sie über einige angespülte Baumstämme recht leicht in den Canyon hinuntersteigen können. Unterhalb der Brücke beginnt dann der photogenste Abschnitt. Beide Slotcanyons sind auf den ersten 2,5 km sehr eng.

Zartes Sandsteindetail im Willis Creek Gorge

Kodachrome Basin State Park

Der erschlossene Teil des ganzjährig geöffneten Parks mit drei Campingplätzen (für Wohnmobile und Zelte, rund 145 000 Besucher pro Jahr) und Wanderwegen liegt in einem von den hohen pyramidenförmigen Spitzen der roten Entrada Sandsteinformation umschlossenen kleinen Talkessel in nord-südlicher Richtung. Besonders am Morgen und Abend stellt sich der „Kodachrome-Effekt" der leuchtenden Farben ein. Bei bedecktem Himmel ist die Landschaft dagegen beinahe ohne jede Wirkung.

Kodachrome Basin

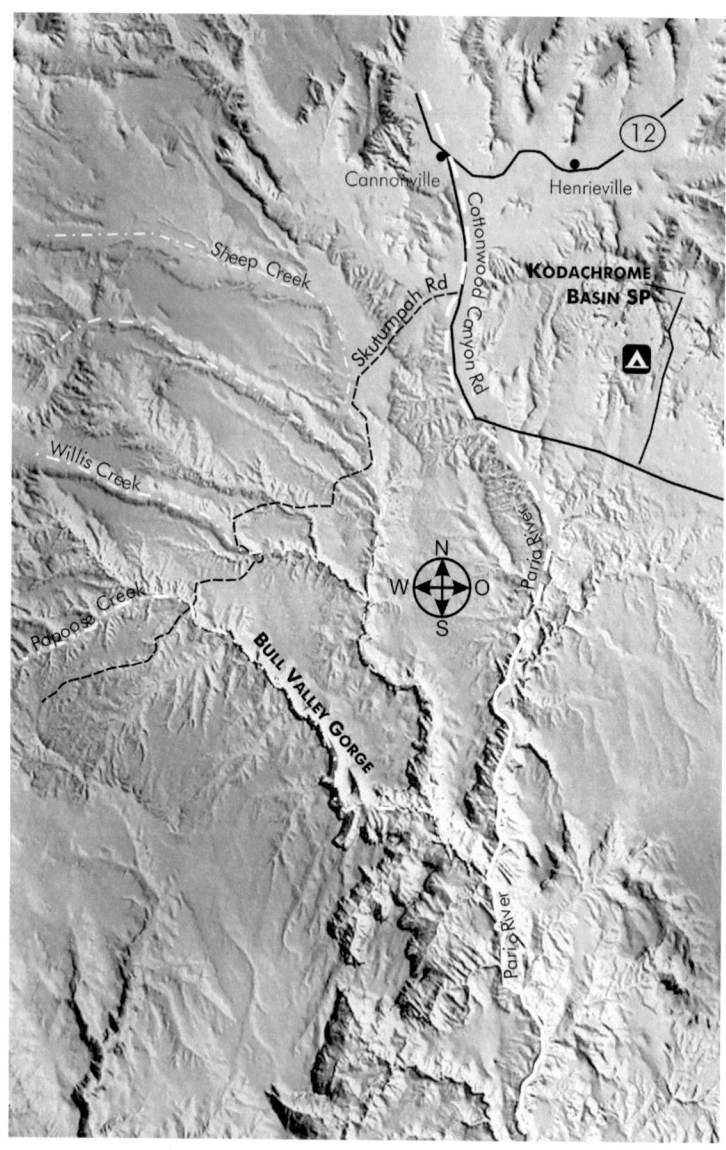

Von der Zufahrtsstraße aus haben Sie vormittags einen guten Blick auf die roten Kliffs des Bryce Canyons im Westen.

Seine geologische Bedeutung bezieht das Gebiet aus den beigen Sandsteinformationen, die wie dünne Finger in den Himmel zeigen. Sie wurden von Geysiren angehäuft, die bei jedem Ausbruch in Wasser gelöste Mineralien ablagerten.

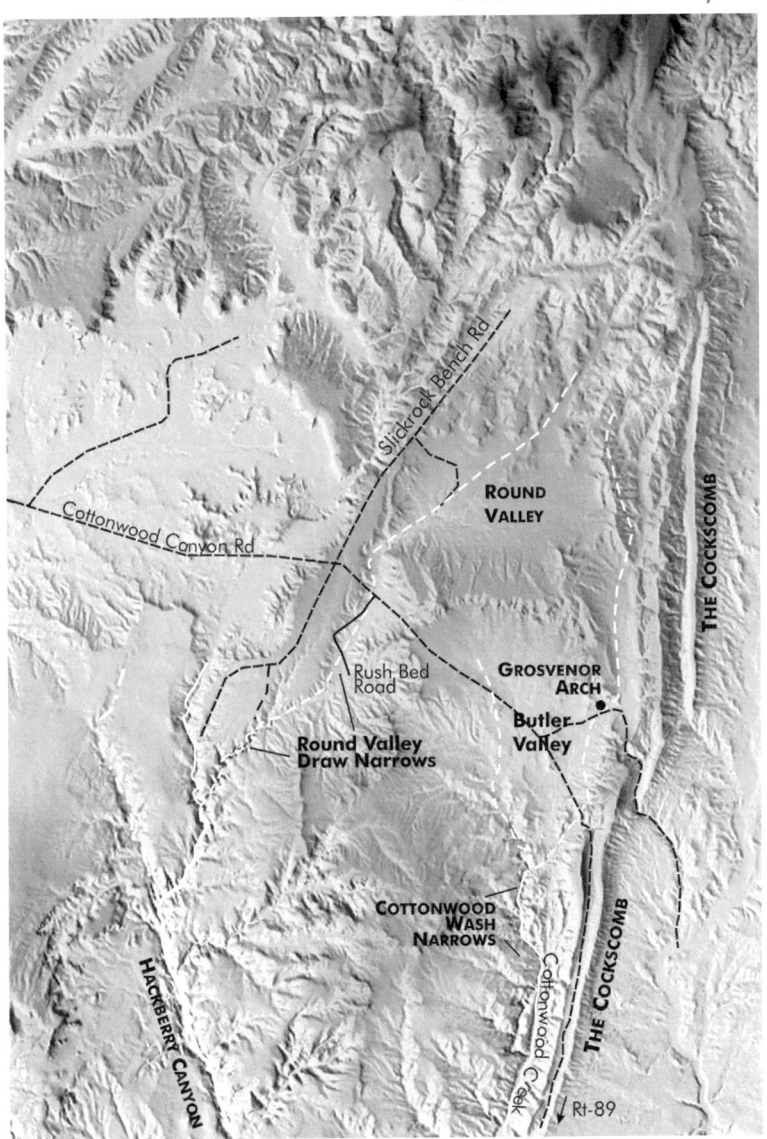

In Fahrtrichtung Campground erreichen Sie entlang dem Park Drive zuerst die Trailhead Station des Panorama Trails. Von hier aus haben Sie den besten Blick zurück auf die besonders markanten Formationen rechts der Straße, die durch ihre exponierte Lage im flachen Nachmittagslicht zu glühen scheinen. Den Panorama Trail können Sie zwischen 3-8 km (jeweils hin und zurück) weit ausdehnen, je nachdem, wie viele der diversen Seitenwege Sie mitnehmen. Mindestens 1,5 Std. sollten

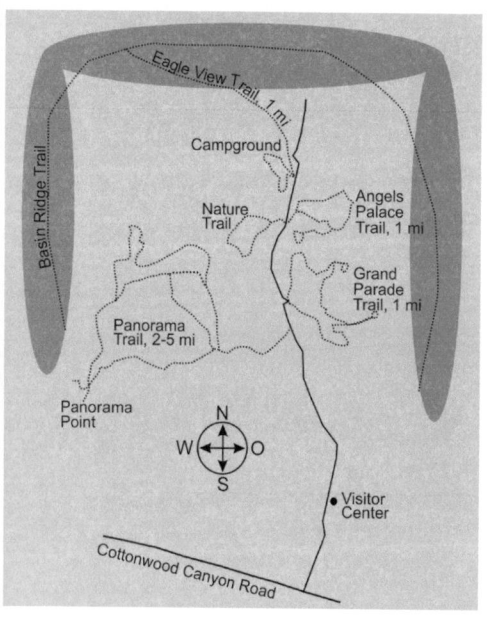

Sie sich dazu nachmittags hier im flachen, westlichen Teil des Parks aufhalten und den Blick über die vielfältigen Formationen vom Panorama Point aus genießen.

Der Grand Parade Trail (1,6 km hin und zurück, 45 Min.) beginnt nur einen Steinwurf weiter an einem kleinen Parkplatz. Gut ist gleich zu Beginn der Blick die Straße hinunter über die Camping Cabins auf die spitzen Felsformationen am Eingang des Parks. Photographierenswert sind ebenfalls die hohen roten Sandstone Fins, entstanden durch die Tätigkeit der Geysire und die zwei versteinerten Sanddünen am Trailhead Parkplatz.

Der Eagles View Overlook am Ende der Parkstraße bietet nach kurzem, steilem Anstieg den besten Überblick (1,6 km hin und zurück, 150 m Höhenunterschied).

Außerhalb des Parks lohnt es sich ein Stück weit die Cottonwood Canyon Road hinunterzufahren (für größere Wohnmobile ungeeignet). Hier fehlen die hohen roten Felsen, das Land ist flach und mit grünem Nadelgehölz bestanden. Die niedrig stehende Sonne zaubert schöne Schatten in die Landschaft und vor der Kulisse der entfernten Hügel erheben sich überall Sandstone Fins in allen Größen. – Ein Paradies für lange Brennweiten! Definitiv beste Zeit zum Photographieren ist der Vormittag, wenn die Sonne noch das im Westen liegende Paunsaugunt Plateau und die Bruchkanten des Bryce erleuchtet (nachmittags im Dunst) und abwechslungsreiche Schatten in die Landschaft zaubert.

An einem klaren Sommernachmittag genügt es um 16:00 Uhr hier zu sein, um das feine Nachmittagslicht entlang dem Panorama Trail abzupassen.

Round Valley Draw

Round Valley Draw stellt die zentrale Entwässerungslinie des nördlich an die Cottonwood Canyon Road angrenzenden Round Valley dar, daher der Name. Am südlichen Ende seines nur gut 12 km langen Laufs mündet er in den größeren Hackberry Canyon. Kurz vor der Mündung liegen die engsten und photogensten Abschnitte. Sie sind durch die Qualität der Texturen in den hellen Sandsteinwänden vergleichbar mit dem der bemerkenswerten Buckskin Gulch.

Die rund 2 km lange Narrows Section können Sie von einem nördlichen- oder einem südlichen Einstiegspunkt aus begehen. Den Südlichen erreichen Sie über die Slickrock Bench Road, die 5,5 mi östlich des Kodachrome State Parks nach Süden von der Cottonwood Canyon Road abzweigt. Der zweite Abzweig nach links führt dann zum Slickrock Bench Car Park und dem ein-

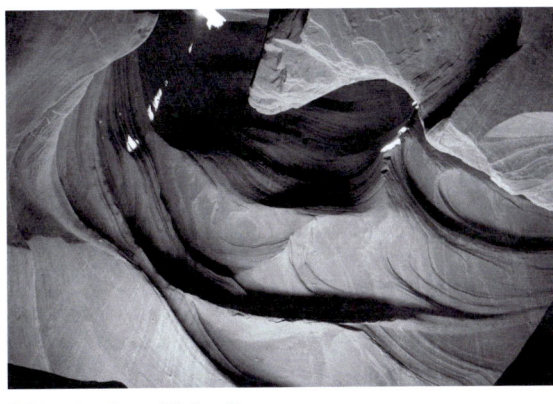

Feldetail in Round Valley Draw.

fachsten Einstiegspunkt. Die Strecke erfordert ein Fahrzeug mit großer Bodenfreiheit. Nach stärkeren Regenfällen wird sie regelmäßig unpassierbar. Zum nördlichen Einstiegspunkt gelange Sie über die Rush Bed Road, die knapp 7 mi hinter dem Kodachrome Basin SP von der Cottonwood Canyon Road abzweigt. Die Strecke kreuzt den trockenen Flusslauf zweimal. An der zweiten Kreuzung befindet sich nach 1,5 mi der Round Valley Draw Car Park, von dem aus Sie in den Canyon gelangen. Von beiden Punkten aus haben Sie es nicht weit bis zu den photogenen Abschnitten. Die Ranger im Kodachrome Basin SP können Auskunft über die Straßenbeschaffenheit geben.

Der Weg in und durch die Narrows erfordert ein wenig leichte Kletterei. Es gilt einige größere Brocken zu überwinden, die die Sturzfluten der Vergangenheit angeschwemmt haben.

Grosvenor Arch

Grosvenor Arch ist ein 30 m breiter und 50 m hoher Doppelfelsbogen im hellbeigen Dakota Sandstein. Diese Maße machen ihn zu einem der mächtigsten Vertreter dieser Formationsklasse. Er liegt am östlichen Rand des Butler Valleys, das die Cottonwood Canyon Road durchquert. Bei Meile 14,1 erreichen Sie den ebenfalls nicht

Der mächtige Spann des Grosvenor Arch.

asphaltierten 1 mi langen Abzweig nach Norden zum Grosvenor Arch. Seine Abmessungen deuten schon an, dass er nur mit einem starken Weitwinkel halbwegs vollständig abgebildet werden kann. Am besten

Mittagslicht in den Cottonwood Wash Narrows

wählen Sie dazu seine Vorderseite aus und richten die Kamera aus besonders tiefer Position direkt nach oben. Das warme Licht der tiefstehenden Nachmittagssonne lässt den Fels besonders vorteilhaft strahlen.

Die Cottonwood Wash Narrows

Die Cottonwood Wash Narrows bezeichnen die zwar nur gut 200 m langen, aber photogenen Engstellen des Cottonwood Canyons. Sie zählen zwar nicht zu den Spektakulärsten ihrer Art auf dem Colorado Plateau, sind dafür aber ohne jeder Kletterei zugänglich. Sie liegen direkt an der Cottonwood Canyon Road rund 4,5 mi südlich des Abzweigs zum Grosvenor Arch bzw. 26 mi nördlich der Rt-89. Wenn Sie auf die einzige Brücke entlang der Strecke stoßen, sind Sie richtig. Steigen Sie an dieser Stelle in den Canyon auf der Westseite der Straße hinunter. Unten angekommen können Sie den Canyon entweder ein Stück weit nach Norden durchlaufen und umkehren oder sich nach Süden wenden und einen 2 km langen Rundweg absolvieren, der Sie über die Cottonwood Canyon Road zu Ihrem Fahrzeug zurück bringt.

Das Vormittagslicht setzt die feinen Muster der Felswände in jedem Fall am besten in Szene.

Zurück auf der Rt-12 sehen Sie hinter Cannonville bei Meile 27 auf der rechten Seite die das Kodachrome Basin umgebenden roten Formationen von ihrer Außenseite. Bei Meile 30 beginnt das Grand Staircase-Escalante National Monument. Ein Stück weit hinter Henrieville bietet sich bei Meile 34 und 38 das von Tropic her bekannte Bild der auf- und abrollenden Plateaus und Cliffs in vorherrschend erdigen Sandfarben. Das Gelände steigt nun an und die höheren Lagen bieten gute Aussichten auf das Aquarius Plateau im Norden und das Paunsagaunt Plateau im Westen. Der Aussichtspunkt bei Meile 39 hat den mit Abstand besten Blick auf Powell Point genau gegenüber und, bei entsprechender Beleuchtung am Vormittag,

Versteinerter Holzklafter im Escalante Petrified Forest SP

56

die Pink Cliffs des Bryce Canyon (200-400 mm Brennweite) in entgegengesetzter Richtung. Auf der Weiterfahrt können Sie am Fuß des Aquarius Plateaus einige zwar kleine, aber markante rosa Hoodoo-Formationen ausmachen. Kurz vor der Einfahrt in den kleinen Ort Escalante geht's nach links zum Escalante Petrified Forest State Park.

Escalante Petrified Forest SP

Der kleine State Park liegt in 1770 m Höhe 1 mi westlich von Escalante bei Meile 60 auf einer leichten Anhöhe oberhalb des Wide Hollow Reservoirs. Hier finden sich vielfarbige Stücke versteinerten Holzes, das an die Zeit vor einigen Millionen Jahren erinnert, als diese Gegend von dichten Wäldern bestanden war, die später in einem weiten See versanken. Die größten Versteinerungen weisen zwar einen Durchmesser von mehr als 1 m auf, was die Quantität angeht, ist man im Petrified Forest National Park in Arizona jedoch weitaus besser bedient. Ein modern ausgestatteter Campingplatz mit Plätzen für Wohnmobile und Zelte ist der einzige Service in dem ganzjährig geöffneten Areal.

Der Petrified Forest Trail (1,6 km) und der Trail of Sleeping Rainbows (1 km) führen durch das Terrain, in dem die vielfarbigen Stücke versteinerten Holzes verteilt liegen. Im hellen Mittagslicht leuchten die Farben am kräftigsten und lassen an eine Makrostudie denken. Experimentell können Sie Schattenpartien mit farbigem Blitzlicht oder einer Reflektorfolie aufhellen. Der Wide Hollow Trail (1,6 km) durchzieht zunächst die mit photogenen Wacholderbäumen bestandene Landschaft und endet an einem Aussichtspunkt mit gutem Blick über die Ortschaft Escalante. Nach maximal 2 Std. haben Sie alle lohnenden Motive im Kasten.

Weiter auf der Scenic Route 12 läutet der Aussichtspunkt bei Meile 70 den spektakulärsten Streckenabschnitt ein und bietet ein schönes Panorama vom Kaiparowits Plateau über Boulder Mountain bis zum Capitol Reef. Die glattpolierten roten, beigen und weißen Felsflächen entlang der kurvigen Strecke sind exzellente Weitwinkelmotive. Der nächste Aussichtspunkt zwischen Meile 73 und 74 schaut in den engen Box-Death-Hollow Canyon und auf den Escalante River. Nach der folgenden Kurve können Sie rechts auf dem Seitenstreifen halten und den grünen östlichen Teil des Canyons aufnehmen. Von Meile 75 aus geht der Blick schon auf den Calf Creek hinunter und es ist nicht mehr weit bis zum Calf Creek Recreation Area.

Calf Creek Recreation Area

Das kleine Calf Creek Recreation Area liegt in 1500 m Höhe bei Meile 76, also 15 mi östlich von Escalante an der Rt-12 im Calf Creek Canyon. An Services werden ein kleiner Campingplatz (keine Wohnmobile), Duschen und Toiletten sowie Zugang zum Calf Creek geboten. Aber die meisten Besucher kommen nur wegen der Wanderung zu den malerischen Lower Calf Creek Falls.

Die Lower Calf Creek Falls

Ein 4,4 km langer Wanderweg (hin und zurück 3 Std.) führt durch die von roten Felsen umschlossene Schlucht zu der 40 m hohen Kaskade. Die 30 m hohen Upper Falls erreichen Sie auf einem schwierigeren 1,6 km langen Weg ab der Rt-12, rund 5,5 mi nördlich des Campgrounds. Beide Fälle führen das ganze Jahr über Wasser und der Fluss sammelt sich oberund unterhalb in kleinen, feinen Badepools.

Die Canyonwände, Sandstein der Navajo Formation, die Sie auf dem Weg passieren, sind durch das hinunterlaufende Wasser in unzähligen Schattierungen von hell- nach dunkelbraun gemustert, die sich gut als SW-Motive machen. Nehmen Sie am Beginn des Wegs einen der Merkzettel mit Informationen zu den nummerierten Stops mit. Bei Nr. 9 finden Sie beispielsweise einige Petroglyphen, drei große Figuren auf der Unterseite der Felswand auf der gegenüberliegenden Canyonseite. Am Wegesrand gedeihen Kakteen, Korkeichen und im Mai Wildblumen. Stellenweise kann man die Rt-12 sehen, die sich hoch oben auf der anderen Seite der Schlucht durch den roten Fels windet.

Alles rund um 28mm Brennweite, alternativ ein Tele für Details, erfasst die Lower Falls ganz anständig. Außer am frühen Morgen und späten Nachmittag fällt immer genug Licht in den Canyon, um das Bassin und die dahinter aufragende Felswand effektiv zu beleuchten. Hält man sich im Frühjahr und Herbst länger als für nur zwei Bilder hier auf, ist es ratsam ein Sweatshirt mitzunehmen, denn auch wenn man auf dem manchmal nicht enden wollenden Trail schwitzt, wird es in der Umgebung des Wassers spürbar kühl.

Nach dem Recreation Area folgen auf der Rt-12 ab Meile 76 einige weitere Parkbuchten, von denen aus Sie einen guten Blick in den Canyon und auf den Fluss haben. Bei Meile 79 sehen Sie von The Hogback, einer sehr

Aussicht vom Powell Point Viewpoint

schmalen Felsbrücke, das letzte Stück des Trails und einen der engsten Canyonteile. Von der Parkbucht bei Meile 85 bietet sich ein schöner Blick auf Boulder Valley. Bei Meile 91 wechselt das Landschaftsbild und der Anstieg zum Boulder Mountain beginnt: Weite grüne Wiesen und alpines Nadelgehölz bestimmen das Bild ab Meile 95, schon oberhalb 2600 m, finden sich auch Weißbirken. Von den sechs folgenden Aussichtspunkten hat der Homestead Overlook kurz vor Meile 99 den spektakulärsten Ausblick auf die Waterpocket Fold, die Circle Cliffs, die Henry Mountains, den Navajo Mountain und das Kaiparowits Plateau. Ein grandioses Spektakel aus Licht und Schatten, Form und Farbe. Die Abfahrt geht danach fast von allein und viel zu schnell schon ist das Ende der Strecke in Torrey erreicht.

Wasser in Bewegung

Wenn Sie als Photograph vor einem Fluß, einem Wasserfall oder der Ozeanbrandung stehen haben Sie immer zwei Möglichkeiten diese aufzunehmen: messerscharf mit scheinbar eingefrorenen Wassertröpfchen, oder poetisch weich verschwommen. Was auch immer Sie bevorzugen, machen Sie's richtig und lassen Sie keinen Zweifel an Ihrem kreativen Ansatz aufkommen!

Die scharfe Variante erfordert eine recht kurze Belichtungszeit und Aufmerksamkeit im Umgang mit der selektiven Schärfe großer Blendenöffnungen. Das Gegenteil ist notwendig, wenn Sie die Bewegung des Wassers im Bild deutlich machen wollen. Dann sollte eine Zeit kürzer als $^1/_{15}$ Sekunde, idealerweise zwischen 5 und 15 Sekunden, gewählt werden. Eine kleine Blende oder ein Neutralgraufilter verhelfen

tagslicht dazu. Kleine Bachlauf sind wunderdort wo das Wasser unterschied fallend sich mit Luftblasen an, lichtung zu kleinen weiAls kontrastierenunscharfen Fluß des abgebildete Elemente Die Wasserfläche des die Brandung sind weidenen sich Spielereien lohnen. Eine Belichreren zehn Sekunden Seewasser zu einem fen. Die an den Strand auch im hellen MitCascaden in einem bare Details, denn den geringen Höhenüberbrückt reichert es die in der Langzeitbeßen Wirbeln verlaufen. des Element zu dem Wassers sollten scharf im Bild nicht fehlen. Ozeans und vor allem tere Motivbereiche an mit der Belichtungszeit tungszeit von mehbeispielsweise läßt das glatten Spiegel verlaurollende Brandung repräsentiert einen ganz eigenen Mikrokosmos in dem keine Welle ihrer Vorgängerin gleicht. Perfekte Motive, um sie detail-scharf aus ihrer Umgebung zu lösen. Gleich zwei Arten der Bewegung können Sie im Bild vereinen, wenn Sie die Kamera bei einer Zeit von $^1/_{15}$ Sekunde, oder länger, mit dem Wellenkamm mitziehen. Ein statisches Element, wie ein Fels auf diesem Weg, verstärkt nur noch das Gefühl der wirbelnden Bewegung.

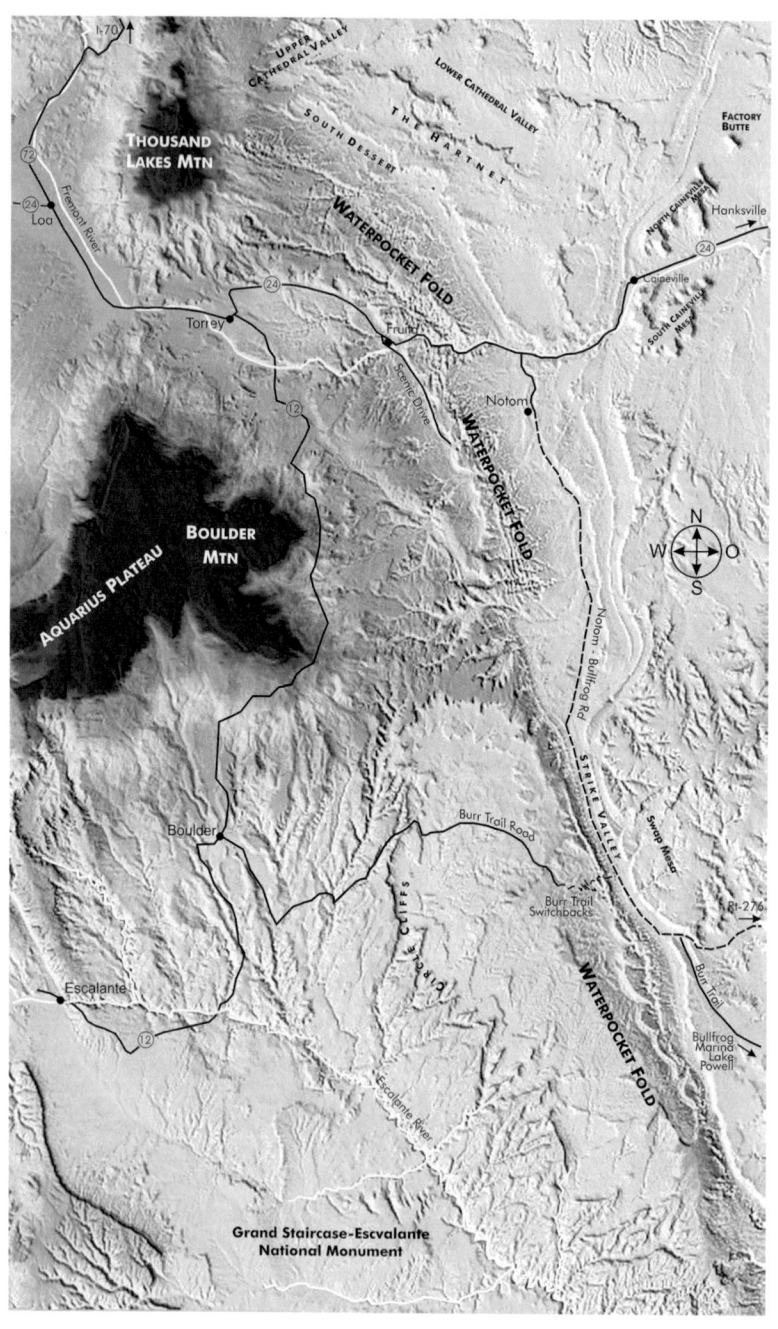

Capitol Reef National Park

- Höhenlagen zwischen 1580 und 2150 m
- Im Schnitt 1,2 Millionen Besucher pro Jahr
- Hauptbesuchsmonat ist der Mai

Wie, Wo, Was

Wenn der Südwesten ein Rückrat hätte, dann wäre es wohl hier. Auf mehr als 100 mi durchzieht die Waterpocket Fold, jene massive Verwerfung der Erdkruste, wie der geschuppte Rückenpanzer eines alten Dinosauriers die Landschaft vom Thousand Lakes Mountain im Norden bis zum heutigen Lake Powell im Süden. Diesen langen Schlauch formt die Südhälfte des Parks nach, dessen Name zur einen Hälfte von einer runden Felsformation, ähnlich der hohen Rotunde des Capitols in Washington (Capitol Dome), zur anderen Hälfte von eben der Waterpocket Fold (von Nord nach Süd verlaufende Höhenzüge stellten für die ersten Siedler immer „Riffe" dar) gebildet wird. Der Abschnitt nördlich der Rt-24 umfasst darüber hinaus das abgeschiedene Cathedral Valley.

Die Navajos griffen eine andere Eigenschaft der Landschaft auf und nannten sie „Land of the sleeping rainbow", denn von Grau über Gelb und von Lavendel bis zu Rot finden sich hier in den Felsen alle Farben.

Viele der interessanten Formationen können direkt von der Rt-24 aus aufgenommen werden, doch das wahre Potenzial des Parks erschließt sich erst auf einem Trip ins Hinterland, über den Burr Trail oder ins Cathedral Valley beispielsweise. Die photographisch lohnendsten Jahreszeiten sind Frühjahr (Mai) und Herbst (Mitte Oktober), wenn sich mit blühenden Orchideen und Wildblumen frisches Grün über das Land legt und sich die Cottonwood Bäume am Fremont River golden färben.

Wegweiser

Drei Straßen erschließen das langgestreckte Parkgebiet: Die Cathedral Valley Loop Road im Nordosten, die Rt-24 in der Mitte und der Burr Trail bzw. die Notom-Bullfrog Road im Süden. Der Park bietet einen großzügigen Campingplatz (zwischen März und Oktober nur mit Reservierung, keine Hook-ups für Wohnmobile) nahe dem Visitor Center. Backcountry Camping ist auf öffentlichem Land rund um den Park mit einem kostenlosen Permit gestattet. Torrey, 11 mi westlich, bietet eine Reihe Hotels und weitere Campgrounds. Hier können Sie auch Geländewagen mieten, um Touren ins Cathedral Valley zu unternehmen.

Capitol Reef in den Jahreszeiten

Das Parkgebiet liegt in einer Trockenzone und erhält pro Jahr im Mittel nur 18,3 cm Niederschlag. In den Sommermonaten liegen die

Tagestemperaturen zwischen 35° und 40° C. Nachts sinken die Werte dann auf 18° C ab. Der Winter bringt Temperaturen zwischen 4° und -6° C. Im Extremfall kann das Quecksilber aber auch bis unter -17° C fallen. Zwischen Juli und Anfang Oktober muss nach heftigen Gewittern mit Überflutungen gerechnet werden, die Sie in abgelegenen Canyons oder auf Backroads von der Außenwelt abschneiden können. Erkundigen Sie sich in dieser Zeit vor Trips in solche Gegenden bei den Rangern nach der Wettervorhersage.

Goosenecks Overlook, Blick auf die Waterpocket Fold

Motive entlang der Rt-24

Die Twin Rocks sind zwei einander ähnlich sehende pilzförmige Felsmonolithe in einer Flut kleinerer Bruchstücke auf der linken Seite der Straße nicht weit hinter der Parkgrenze. Der gleichnamige Parkplatz bietet ebenfalls guten Ausblick auf Boulder Mountain und die davor liegenden Ausläufer der Waterpocket Fold.

Panorama Point, nur wenige Meilen weiter östlich gelegen, ist der nächste Orientierungspunkt. Erhöht auf einem Felsgrat gelegen, überblickt er das sehenswerte Panorama der gesamten Umgebung. Nach Norden schauen Sie auf Chimney Rock zu Füßen der hoch aufragen-

den Waterpocket Fold. Am Nachmittag wird die interessante, weil aus zwei verschiedenen Sandsteinschichten bestehende (unten rot und oben weiß) Formation photogen von der dann seitlich im Westen stehenden Sonne erleuchtet. Nach Osten schaut man auf die vor den weit entfernten Henry Mountains stehenden markanten Formationen The Castle und Capitol Dome.

Fruita, eine Oase inmitten dieser gewaltigen Landschaft

Auch in dieser Richtung arbeiten Sie am besten mit dem Licht der Nachmittagssonne. 130-180 mm Brennweite sind nötig, um die Ansicht wirkungsvoll zu gestalten.

Über eine 1 mi lange Staubstraße geht's vom Panorama Point weiter nach Süden zum Goosenecks Viewpoint, 270 m hoch über den vier Schleifen des Sulphur Creek. Leider liegt die Aussichtsterasse nicht weit genug vorn, um den Flusslauf vollständig einzufangen. Ein Klemmstativ hilft, die Umzäunung aus dem Bild zu halten. Vormittags wirft die Sonne die wenigsten Schatten in die Tiefe.

Ein kurzer Weg führt von hier weiter nach Osten zum Sunset Point, von wo aus sich das Abendlicht auf den diagonal verlaufenden Kliffs der Waterpocket Fold vor der Kulisse der lavaschwarzen Henry Mountains perfekt einfangen lässt. Auch The Castle lässt sich von hier oben mit einem leichten Tele schön ins Bild fassen. Ebenfalls gut zu erkennen sind die einzelnen Erosionsstufen des Sulphur Creek Canyon und sein weiterer Verlauf nach Osten ins Fremont River Valley. Mit einem Grauverlauffilter gelingt es, die abends bereits im Schatten liegende Schlucht und den helleren Hintergrund belichtungstechnisch zusammenzuhalten.

Sehr viel näher kommen Sie der Formation The Castle am gleichnamigen Aussichtspunkt bei Meile 79 auf der Rt-24 oder am Besucherzentrum. Die historischen Gebäude des Fruita Districts verteilen sich rund um das Visitor Center. In dieser Oase aus Obstgärten, Tamarisken und Cottonwood Bäumen bieten die Bauten aus der Pionierzeit, darunter ein Schulhaus, eine Schmiede sowie das schöne Gifford Farmhaus am Zusammenfluss von Fremont River und Sulphur Creek gute Stilleben-Motive vor der Kulisse der roten Felswände. Im April verwandelt sich der Flecken mit der Obstblüte in ein Meer aus Weiß und Pink. Während der Erntezeit zwischen Juni und September kann man sich gratis an den Kirsch-, Aprikosen-, Pfirsich- und Apfelbäumen bedienen. Nahe der alten Schmiede beginnt der Fremont Gorge Overlook Trail. Er führt über 3,6 km und gut 300 Höhenmeter den Tafelberg hinauf zu einem Aussichtspunkt mit schönem Blick auf The Castle. Vormittags und nachmittags sind die Lichtverhältnisse für diese Ansicht am besten.

Kurz hinter dem Visitor Center befinden sich vier Petroglyphen-Tableaus rund 10 m hoch an der glatten Felswand. Um Details zu isolieren, sind mindestens 200 mm Brennweite nötig. Dargestellt sind neben Bighorn Schafen vor allem seltsam kostümierte menschliche Gestalten.

Capitol Dome nimmt man entweder vom gleichnamigen Aussichtspunkt oder vom Hickman Bridge Trail aus möglichst früh am Morgen oder spät am Nachmittag auf.

Der Hickman Bridge Trail beginnt 2 mi östlich des Besucherzentrums und ist recht gut frequentiert. Er ist 1,5 km lang und führt zur gleichnamigen, 44 m weit spannenden, natürlichen Brücke und wieder zurück. Die Brücke selbst ist am Vormittag gut beleuchtet. Jedoch stellt sie am Nachmittag den besseren Rahmen für Bilder von Capitol- oder Navajo Dome. Ein ordentliches Weitwinkel im Bereich von 28 mm ist nötig, um die Brücke und ihr Umfeld sauber einzufangen.

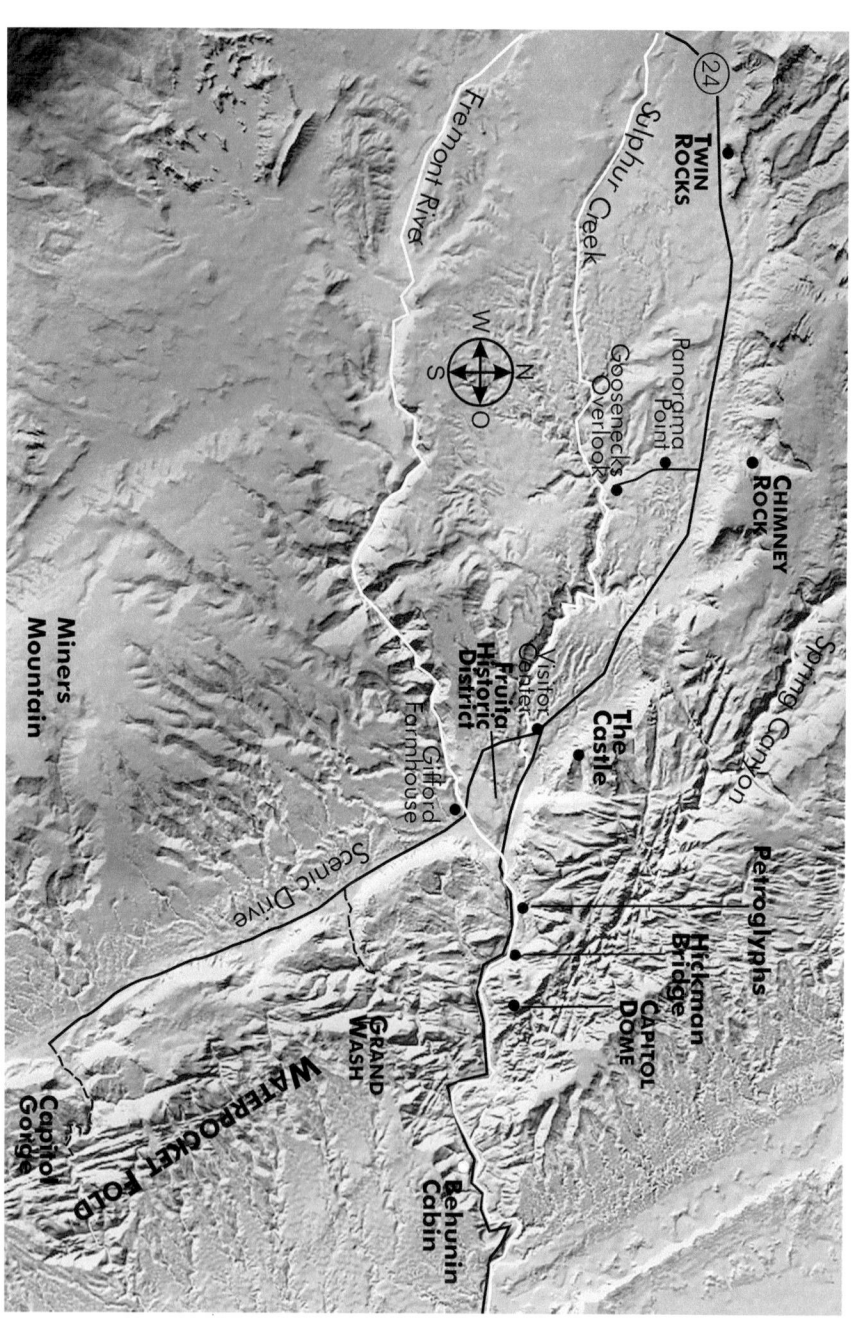

Vom Hickman Bridge Trail zweigt gleich zu Beginn der in Passagen sehr steile Rim Overlook Trail ab (3,6 km, 500 m Höhenunterschied). Schon nach wenigen hundert Metern passieren Sie auf ihm die helle Sandsteinformation Pectol's Pyramid auf der anderen Seite des Fremont Rivers. Noch einmal 800 m weiter finden Sie eine Ansammlung schwarzer Lavafelsen, die Sie mit einem starken Weitwinkel sehr gut in den Vordergrund der Pyramide stellen können. Die Sonne setzt die ganze Ansicht am Nachmittag ins beste Licht. Am Ende des Wegs schaut der Rim Overlook aus luftiger Höhe auf das Fruita Valley und die Waterpocket Fold im Süden.

An den Aussichtspunkt schließt sich der Navajo Knobs Trail an, der über weitere 3,5 km die gleichnamige Formation hinaufführt, von wo aus Sie einen wunderbaren Panoramablick über die gesamte Umgebung haben. Für den ganzen Weg brauchen Sie hin- und zurück einen halben Tag. Ein Grauverlauffilter bringt

Goosenecks Viewpoint, Blick in den Sulphur Canyon

das vielleicht schon im Schatten liegende Fremont River Valley wieder in eine belichtungstechnische Linie mit den noch gut beleuchteten Formationen.

Bei Meile 85 auf der Rt-24 haben Sie wieder einen schönen Blick auf die ansonsten verperrten Höhenzüge der Waterpocket Fold. Der Straßenverlauf folgt weiter dem Fremont River, der sich hier quer durch die Erdfalte gegraben hat. Bemerkenswert ist der Wechsel der Farben: Statt Rot dominieren hier Weiß, Beige und Gelb. Zwischen Milemarker 86 und 87 findet sich ein kleiner Wasserfall auf der linken Straßenseite. Ein etwas erhöhter Standpunkt entlang der Straße bietet sich an, um ihn in seinem felsigen Umfeld zu dokumentieren. Im weiteren Verlauf der Rt 24 weitet sich der bis dahin enge Taleinschnitt zusehends auf.

Die Twin Rocks an der Rt-24

Motive entlang des Scenic Drives

Der Scenic Drive führt über neun geteerte Meilen nach Süden und bietet einen guten Eindruck des wilden Hinterlandes. Nehmen Sie sich das informative Faltblatt vom Besucherzentrum mit, um die geologischen Formationen und -Schichten richtig zu deuten. Die am Westhimmel stehende Nachmittagssone beschert diesem Teil des Parks das beste Licht.

Unmittelbar am Eingang des Campingplatzes beginnt der Cohab Canyon Trail und führt über 3,5 km hinüber zur Rt-24. Das Nachmittagslicht setzt die Felstürme und -klippen am besten in Szene. Nachdem Sie die steile Kante der Waterpocket Fold erklommen und die Kreuzung mit dem Frying Pan Trail erreicht haben, sollten Sie den kurzen Abzweig nach Norden zu den beiden Aussichtspunkten North Overlook und South Overlook nicht auslassen. Der linke schaut in die Gärten um Fruita hinunter, der rechte

Capitol Gorge am Südende des Scenic Drive

auf die hellen Felstürme um Capitol Dome. Eine ganze Anzahl Wacholderbüsche und Kiefern lockt zur aktiven Vordergrundgestaltung mit dem Weitwinkel. Der Frying Pan Trail verbindet den Cohab Canyon Trail auf 4,8 km mit dem Grand Wash Trail. Er führt Sie entlang dem Kamm der Waterpocket Fold, von wo aus Sie gute Ausblicke auf den Navajo Dome haben.

Bei Meile 4 zweigt eine Schotterpiste (zu schmal für Wohnmobile) nach Osten vom Scenic Drive ab zum Grand Wash, einem eindrucksvollen Canyon zwischen dem Scenic Drive und der Rt-24. Vor den hohen, hellen Felsen haben sich Endmoränen gleiche Schutthalden aufgehäuft und selbst die Details dieser Landschaft sind so gewaltig, dass man sie nur schwer in ihrem Zusammenhang auf ein Bild bannen kann. Überall sind frische Bruchkanten zu sehen und der nächste Steinschlag scheint nicht lang entfernt. Entlang dem Weg (3,5 km bis zur Rt-24) finden sich große glattpolierte Felsflächen, die von den enormen Sturzfluten zeugen. Cassidy Arch liegt hoch über dem Trailhead an einer Kliffkante. Auf einem 3 km langen Wanderweg und über 300 Höhenmeter gelangen Sie zu einem Aussichtspunkt über dem Felsbogen. Ein paar Meter weiter am Weg machen die Echo Cliffs ihrem Namen alle Ehre. An dieser Stelle sind die

Viele Wanderwege sind mit kleinen Steintürmchen markiert, die auf den ersten Blick leicht zu übersehen sind.

Felswände mit bienenwabenartigen Löchern übersät. Nach ein paar Biegungen ist die photogene Narrows Section erreicht, in der die fast 200 m hohen Wände bis auf wenige Meter aneinander rücken. Diesen Abschnitt sollten Sie nicht zu spät am Tag erreichen, so dass noch etwas Licht hinein fällt und die Balance zum

66

helleren Himmel erhält. Ab dem Trailhead an der Rt-24 erreichen Sie die Narrows in knap einer halben Stunde.

Am Ende des asphaltierten Abschnitts des Scenic Drives stoßen Sie auf die Pleasant Creek Road, die als 4-WD-Piste in einem Bogen nach Südwesten zur Rt-12 führt und sie unterhalb des Boulder Mountain erreicht. Sie kreuzt einige Bachläufe und Sie tun gut daran, sich vorher im Visitor Center nach den Wasserständen zu erkundigen. An dieser Kreuzung geht´s ebenfalls über eine kurze Staubstraße nach Osten ins Capitol Gorge. Diese Piste wird normalerweise so gut instandgehalten, dass sie auch mit einem normalen PKW befahren werden kann. Nach etwas mehr als 2 mi endet sie an einem kleinen Picknickplatz, von wo aus ein Wanderweg weiter in den Canyon und zur Notom-Bullfrog Road an seinem östlichen Ende führt. Nur rund 400 m sind es bis zum Pioneer Register, wo sich Siedler und Abenteurer des letzten Jahrhunderts im Stein verewigt haben. Bemerkenswert sind die besonders ausgeprägten Streifen Desert Varnish an den roten Sandsteinwänden der Schlucht. Nach 800 m zweigt ein kurzer Weg zu The Tanks ab. Diesen Waterpockets, wasserspeichernden kleinen Tümpeln zwischen den spitzen Felskanten, verdankt die Verwerfungslinie ihren Namen. Erkundigen Sie sich im Visitor Center ob sie gefüllt sind, denn nur dann können Sie eins der wunderbaren Bilder machen, in dem sich die Kliffs in der Wasserfläche zwischen den diagonalen Felswänden spiegeln.

Motive entlang der Waterpocket Fold

Südlich der Rt-24 schützt der Capitol Reef NP einem langen schmalen Schlauch ähnelnd die mächtige Verwerfungslinie der Waterpocket Fold. In das Herz dieser phantastischen Landschaft kann man nur zu Fuß vordringen, zumindest nahe kann man ihm aber von Torrey aus auf einem 120 mi langen Rundkurs über die Notom-Bullfrog Road und die Burr Trail Road kommen. Bei trockener Witterung ist dies sogar mit einem normalen PKW möglich. Nach Gewittern ist die Strecke dagegen auch für Allradler unbefahrbar. Mit Strike Valley- und Upper Muley Twist Overlook finden Sie hier ebenfalls zwei hochgelegene Aussichtspunkte mit hervorragendem Blick auf die Waterpocket Fold. – Es braucht den Blick aus erhöhter Position auf die Erdfalte, um etwas von ihren gewaltigen Ausmaßen

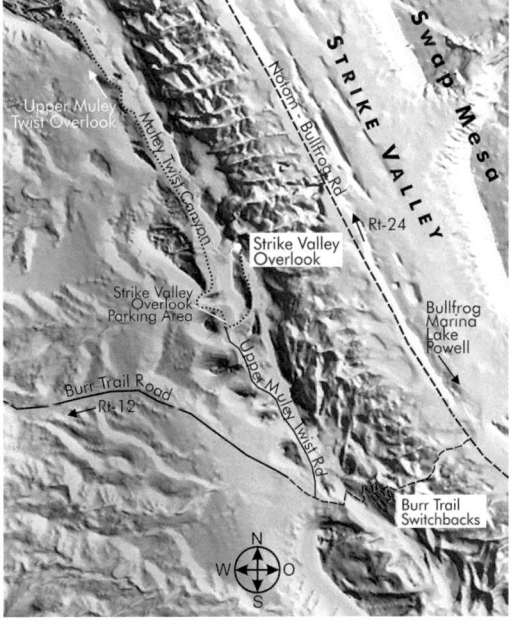

Blick vom Strike Valley Overlook auf die Waterpocket Fold

im Bild zu transportieren. Der Blick aus den Tälern ihre Hänge hinauf kann dies nicht leisten und lässt Betrachter und Photographen unbefriedigt zurück.

Die Notom-Bullfrog Road zweigt 9 mi östlich des Besucherzentrums in Fruita nach Süden von der Rt-24 ab. Um etwas vom Morgenlicht abzubekommen, empfiehlt es sich früh zu starten, denn die Verwerfungslinie kommt so richtig erst hinter dem Cedar Mesa Campground im Westen in Sicht. Rund 8 mi südlich der Rt-24 erreichen Sie im Abstand von ein paar Meilen vier in west-östliche Richtung verlaufende Canyons – Burro Wash, Cottonwood Wash, Fivemile Wash und Sheets Gulch. Von den jeweiligen Hinweisschildern aus müssen Sie 1-3 km weit bis zu den interessantesten Abschnitten nach Westen laufen. Im Verlauf der 6-8 km langen, engen Slots finden sich vielfach schöne Waterpockets, jene in den Fels gespülten Wasserspeicher, die den Himmel wunderbar zwischen den zur Silhouette unterbelichteten Felswänden reflektieren, sofern sie gefüllt sind. Beschränken Sie die Photoausrüstung auf ein Gehäuse und ein kurzes Zoom und ziehen Sie zum Durchwaten der kleinen Teiche geeignetes Schuhwerk an. Wenn Sie ambitioniert genug sind, können Sie hier die Zeit bis zum frühen Nachmittag verklettern und den Strike Valley Overlook immer noch pünktlich zum Sonnenuntergang erreichen.

Insgesamt 12 mi führt die Notom-Bullfrog Road durch das Strike Valley am östlichen Fuß der Erdfalte, bevor der Burr Trail bei Meile 33 nach Westen abzweigt und in einer Reihe steiler Serpentinen die Kammhöhe erklimmt (Höhengewinn 270 m auf 800 m Strecke). Unter normalen, trockenen Wetterbedingungen ist dieser Streckenabschnitt durchaus mit einem normalen PKW zu befahren.

Der Burr Trail stellt die heutige Querverbindung zwischen Boulder und der Rt-12 im Westen und der Notom-Bullfrog Road im Osten dar und kreuzt dabei die Waterpocket Fold. John

Landschaft entlang dem Burr Trail

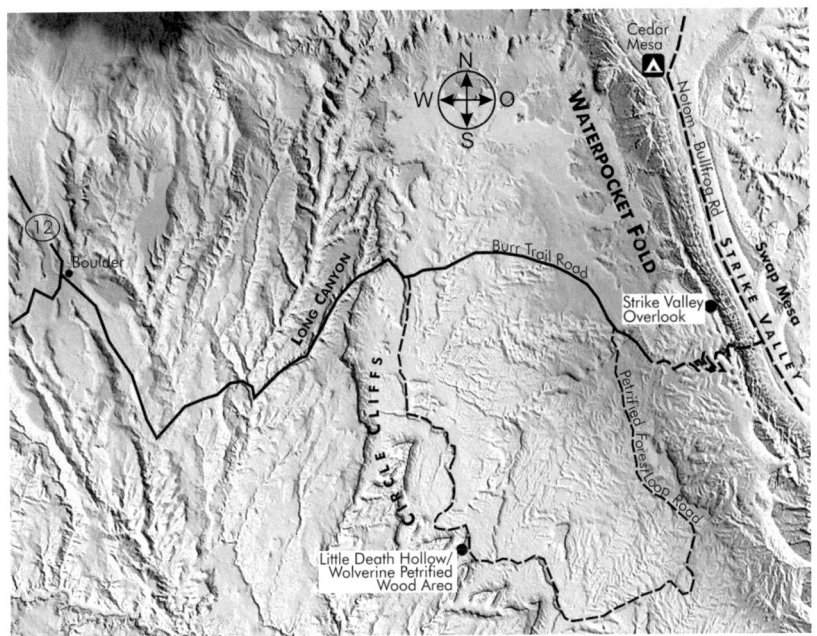

Atlantic Burr trieb seine Rinder in den 1880er Jahren durch den Muley Twist- und den Burr Canyon über die sonst unpassierbare Waterpocket Fold von den Sommer- auf die Winterweiden und zum Markt. – Nur dieses Stück über die Serpentinen wurde also früher Burr Trail genannt!

Oben angekommen zweigt nach 1 mi eine Staubstraße nach Norden ab zum Strike Valley Overlook Parking Area, dem Ausgangspunkt für den Weg zu den beiden Aussichtspunkten Upper Muley Twist und Strike Valley. Die ersten 0,5 mi dieser Piste könnten Sie auch einem normalen PKW zumuten. Die restlichen 2,5 mi erfordern aber selbst bei guten, trockenen Bedingungen zumindest ein Fahrzeug mit großer Bodenfreiheit, meistens aber 4WD, machen ohne dies aber einen schönen Spaziergang.

Nur noch 800 m zu Fuß sind es dann vom Parkplatz nach Osten bis zum Strike Valley Overlook und seinem spektakulären Blick auf die Waterpocket Fold, die im Süden einen leichten Bogen beschreibt, den Sie mit ins Bild einbeziehen sollten. Das flache Licht des Nachmittags verleiht der Verwerfungslinie Farbe und sorgt für belebende Schatten. Die Höhenlage bringt einen dichten Bestand an Pinien und Wacholderbüschen hervor, die in den Bildern für einen netten Rahmen sorgen. Gestalten Sie Ihre Komposition in dieser Art oder setzen Sie einen Felsen bzw. den Rand der Kliffkante in den Vordergrund, damit das Panorama an Tiefe gewinnt und wirklich etwas von der Weite herüberkommt.

Zum Upper Muley Twist Overlook mit seinem besseren Ausblick auf den oberen Teil der Waterpocket Fold müssen Sie vom Parking Area aus weitere 4,5 mi nach Norden durch den gleichnamigen Canyon und entlang dem Rim bewältigen – Ein langer Tagesmarsch hin und zurück oder eine

Übernachtung im Zelt nach dem Sonnenuntergang. Dabei passiert man auf dem ersten Abschnitt den interessanten Saddle Arch. Will man das Licht des späten Nachmittags für gute Bilder nutzen, so wird man schwer beide Aussichtspunkte verbinden können, denn zurück nach Torrey sind von hier noch rund 30 mi auf dem Burr Trail und weitere 37 mi auf der Rt-12 zurückzulegen. Da sich mit dem Little Death Hollow Slotcanyon und dem Woolverine Petrified Wood Area aber auf dem Westteil der Strecke noch zwei bemerkenswerte Ziele bieten, lohnt es sich durchaus die Nacht hier oben oder irgendwo abseits der Strecke zu campieren (auf BLM Land problemlos möglich) und die Tour auf zwei Tage auszudehnen.

Ab der westlichen Grenze des Capitol Reef NPs führt der Burr Trail nun asphaltiert durch das Grand Staircase-Escalante NM und passiert das große ovale Circle Cliffs Basin. 4 mi westlich der Grenze des Capitol Reef NPs bzw. 19 mi östlich von Boulder zweigt die Woolverine Loop Road nach Süden vom Burr Trail ab. Auf ihr erreichen Sie den Little Death Hollow Slotcanyon und das Woolverine Petrified Wood Area. Diese

Schotterpiste ist bei trockener Witterung mit jedem normalen PKW zu befahren, nach Gewittern sollte man sie aufgrund der lehmigen Abschnitte meiden. Sobald Sie einen alten Pferch an der Strecke erkennen, sind Sie am Little Death Hollow Canyon angekommen. Ein kleiner Pfad führt von hier nach Südwesten in die weit offene Schlucht. Der erste Teil erscheint uninteressant, erst nachdem fünf oder sechs große Findlinge überklettert sind, haben Sie nach 3 km die photogenen, stellenweise nur 2 m breiten, Narrows erreicht. Bis zum Kreuzungspunkt mit dem Wolverine Canyon sind es im Ganzen 7 mi. Zurück auf der Gravelroad ist es nur ein kurzes Stück zum Woolverine Petrified Wood Natural Area. Folgen Sie dem offenen Bachlauf vom Parkplatz aus nach Südwesten, stolpern Sie schon auf der ersten Meile über das namengebende, versteinerte Holz. Im Gegensatz zu den farbigen Überresten im Escalante Petrified Forest SP oder im Petri-

Im Little Death Hollow Canyon

fied Forest NP sind die hier zu sehenden Stücke alle schwarz.

Am Westrand des Circle Cliff Basins schwingt sich die Burr Trail Road in den höhergelegenen, engen Long Canyon hinauf. Gleich an seiner Einfahrt befindet sich ein Aussichtspunkt auf der rechten Seite. Auf 6-7 mi reihen sich hier Kiefern und Ahorne unter den hohen Canyonwänden aneinander. Über die Rattlesnake Bench hinweg durchquert die Straße dann die lange und in ihrem südlichen Teil als Outstanding Natural Area geschützte Schlucht The Gulch. Besonders zum Escalante River hin gibt es viele schöne, unbenannte Slot Canyons, vom Trailhead an der Straße aus nur zu Fuß zu erreichen. Die letzten Meilen des Burr Trail bis nach Boulder führen nun durch die Ausläufer des Aquarius Plateaus, das sich hier mit dem weißen Sandstein der Navajo Formation präsentiert. In allen Richtungen schaut man auf kreuzförmige Erosions- und Schichtungsmuster, ganz ähnlich der Checkerboard Mesa im Zion NP.

Minimalprogramm und Tagesablauf

Der Teil des Capitol Reef NPs unmittelbar an der Rt-24 und die wesentlichen Punkte entlang des Scenic Drives sind an einem ganzen Tag zu bewältigen. Genauso viel Zeit muss für die Rundfahrt über den Burr Trail veranschlagt werden. Den Cathedral Valley Loop können Sie an einem guten halben Tag schaffen und so vielleicht mit der Weiterfahrt nach Osten über die I-70 verbinden. Ohne einen Ausflug ins Hinterland des Parks, sei es auf einer Wanderung oder auf einer Fahrt mit dem Geländewagen, verpassen Sie allerdings das Beste des Capitol Reef National Parks.

Cathedral Valley

● *2000 m hoch gelegen*

Wie, Wo, Was

Temple of the Moon, Temple of the Sun und Temple of the Stars, gut gewählte Namen für die massigen Bewohner des Cathedral Valley, allesamt gewaltige Felsmonolithe. Doch steht man ihnen in ihrer einsamen Umgebung gegenüber, so erschließen sich die Begriffe des Himmels plötzlich neu: Ein ewiger Wind durchzieht das Tal, das Licht ist von einer Qualität, die jedes Detail messerscharf hervortreten lässt und der Gedanke, dass in solcher Umgebung nur Götter leben können, drängt sich auf einmal wie von selbst auf!

Cathedral Valley verläuft als 200 m tiefe Senke zwischen der Waterpocket Fold, den Blue Hills und dem San Rafael Reef von Nordwesten nach Südosten. Als beeindruckend einsames Wildnisgebiet reicht es über die Grenzen des Capitol Reef NPs hinaus. Über der abwechslungsreichen Ebene erheben sich bis zu 180 m hohe Zeugenberge aus Entrada Sandstein, die „Kathedralen" oder „Tempel". Die mit vielen farbigen Einschlüssen (Eisen, Mangan, Kupfer) gesprenkelten Bentonite Hills sind ein weiterer Höhepunkt.

Wegweiser

Cathedral Valley kann über verschiedene Strecken erreicht werden, die alle mindestens ein Fahrzeug mit großer Bodenfreiheit, am besten aber mit 4WD erfordern. Versuchen Sie es auf keinen Fall mit einem normalen

PKW, dies ist schon vielen Besuchern schlecht bekommen, die dann hunderte Dollar an Abschleppkosten zahlen mussten! Verschiedene Motels und Campingplätze in Torrey vermieten geeignete Fahrzeuge. Tanken Sie in jedem Fall randvoll, prüfen Sie das Reserverad und vergewissern Sie sich, wie es gewechselt wird. Zudem sollten Sie bei den Rangern den Wetterbericht und Informationen über den Straßenzustand einholen und nicht aufbrechen, wenn Regenfälle oder gar Gewitter vorausgesagt werden, denn manche Abschnitte der Strecke können dann auch mit 4WD unpassierbar werden. Meine hier abgebildete Karte ist zwar nicht schlecht, noch besser, aber ist es sich im Besucherzentrum in Fruita eine exakte topographische Karte des Gebiets zu besorgen. Denken Sie daran, dass Sie sich auf diesem Trip in ein weit abgelegenes Gebiet begeben, dass von nur sehr wenigen Menschen besucht wird. – Wenn Sie liegenbleiben, kann es unter Umständen Tage dauern, bis das nächste Fahrzeug vorbeikommt. Aus diesem Grund sollten Sie dem Fahrzeugvermieter oder den Rangern (wenn Sie mit Ihrem eigenen Wagen fahren) genau mitteilen, was Sie vorhaben und wann Sie zurück sein wollen.

Die schönste Route führt auf einem 60 mi Rundkurs ins und durchs Tal. Dies ist die Kombination von Hartnet Road, die von der Fremont River Furt an der Rt-24 nach Norden über die gleichnamige Hochebene, die die South Desert im Südwesten überblickt, bis zur Hartnet Junction im oberen Cathedral Valley führt und Caineville Wash Road, die dort anschließt und das untere Cathedral Valley in weitem Bogen durchquert, bevor sie in Caineville wiederum in die Rt-24 mündet. Beide zusammen werden auch als Cathedral Valley Loop Road bezeichnet. Start- bzw. Endpunkte sind die Fremont River Furt, 20 mi östlich von Torrey bzw. 12 mi östlich des Besucherzentrums in Fruita an der Rt-24 und Caineville ebenfalls an der Rt-24. Wenn die Strecke im Sommer knochentrocken ist (und nur dann!) kann man es sogar wagen, das dramatische Licht des Sonnenuntergangs auf den Kathedralenfelsen abzuwarten und die Rückfahrt bei hereinbrechender Dunkelheit anzutreten. Umgekehrt können Sie unter diesen Bedingungen auch schon vor Sonnenaufgang starten, so dass Sie das Tal mit diesem erreichen. Zwei Gründe raten es an, die Rundfahrt an der Fremont River Furt zu beginnen: Erstens nutzen Sie das Tageslicht auf diese Weise am besten aus und zweitens vermeiden Sie es denselben Weg wieder zurückzunehmen zu müssen, wenn das Tor an der Furt versperrt oder der Wasserstand des Fremont River zu hoch ist, um ihn zu passieren. Normalerweise ist die Passage nur 30 cm tief. Campieren kann man auf dem Elkhorn Campground an der Thousand Lakes Mountain Road und auf dem Cathedral Valley Campground nahe der Hartnet Junction.

Motive entlang der Cathedral Valley Loop Road

Der erste Teil der Hartnet Road ab der Fremont River Furt folgt einem normalerweise trockenen Flussbett. Mit den Bentonite Hills, Hügel aus abgelagertem, weichem Sediment, ist nach gut 5 mi das erste Highlight auf der anderen Seite des Fremont River erreicht. Ihre sanften, runden Formen werden vom Morgenlicht schön akzentuiert. Für das breite Spek-

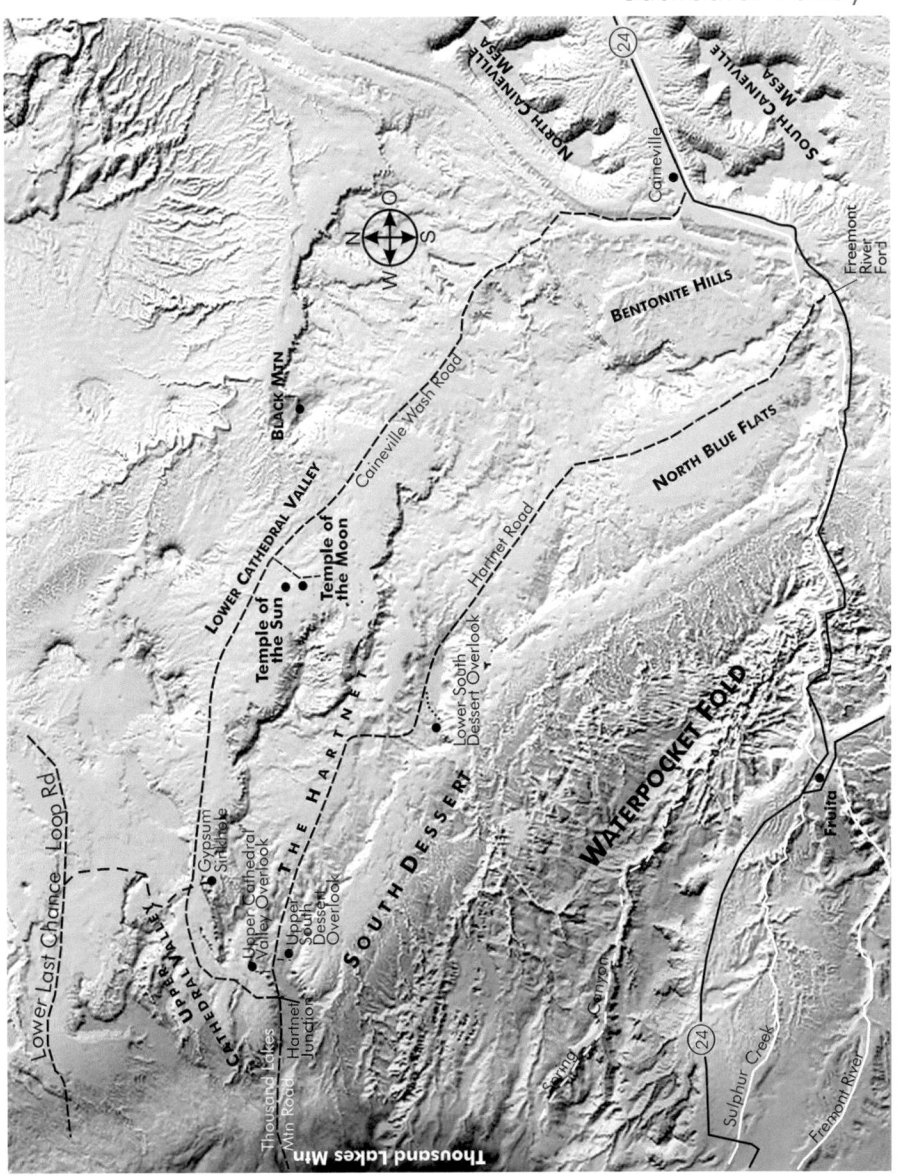

trum ihrer Farben von Rot, Orange über Blau bis zu Purpur sorgen die vielen eingeschlossenen Metalloxyde. Einige Meilen weit folgt die Strecke diesen Formationen in einem trockenen Flussbett, bevor man bei Meile 14 am Abzweig zum Lower South Desert Overlook anlangt. Nach Westen geht der Blick von hier über die 200 m tiefer liegende South Desert auf die Fishlake Mountains und die nördlichen Ausläufer der Waterpocket Fold. Beherrschende Formation ist der Jailhouse Rock, mit rund 170 m einer

Bentonite Hills an der Hartnet Road

der höchsten Monolithen der Gegend.

Den Lower Cathedral Valley Overlook bei Meile 17 erreichen Sie nach einem 1,3 km kurzen Fußmarsch durch offenes Gelände. Einem Luftbild gleich schaut man aus der Höhe nach Osten auf die Buttes des Temple of the Sun and Moon im unteren Teil des Cathedral Valleys.

Bei Meile 27 liegt der Upper South Desert Overlook ebenfalls an einem Stichweg und mit etwas Vordergrundgestaltung vermittelt das Panorama aus 400 m Höhe einen guten Eindruck von der Tiefe des South Desert Basin, an dessen Boden sich Hunderte kleine schwarze Vulkankegel erheben. Die tief im Westen stehende Sonne lässt sie scharf hervortreten. An einem klaren Tag hat man aufgrund der sauberen Luft zudem das Gefühl, die 170 km entfernten Henry Mountains würden sich zum Greifen nah am südlichen Ende der Senke erheben.

Nur 1 mi weiter erreichen Sie den Upper Cathedral Valley Overlook mit Blick nach Nordwesten auf die drei mächtigen Felsmonolithe in diesem oberen Teil des Tals. Das Nachmittagslicht setzt sie gut in Szene.

Blick vom Upper Cathedral Valley Overlook auf die namengebenden Monolithe

Dann folgt bei Meile 27,5 die Hartnet Junction an der die Thousand Lakes Mountain Road nach Westen zum Asphalt der Rt-72 abzweigt. Wenn Sie in der Mittagszeit hier ankommen, haben Sie noch genug Zeit für den 13 mi Ausflug über die Forest Roads 22 und 211 zur Windy Ridge, von wo sich die großen Formationen des Upper Valley aus einer anderen Perspektive präsentieren. Auf dem Rückweg biegt man an der Kreuzung links ab und folgt der Caineville Wash Road über einige Serpentinen hinunter ins untere Cathedral Valley.

Bei Meile 30 bietet sich mit dem Upper Cathedral Valley Viewpoint eine weitere Möglichkeit, die großen Monolithen im Westen aufzunehmen. Folgen Sie dazu ab dem Hinweisschild „Viewpoint" dem 1 mi langen Fußweg hinaus auf das Plateau, von wo aus Sie einen sehr guten Blick auf die Gruppe der großen Monolithen im Tal haben. Am späten Nachmittag steht das Licht dafür recht gut.

An der Cathedral Valley Junction bei Meile 33 stellt die Forest Road No 4 den Anschluss nach Norden zur I-70 her. Ein Abstecher führt von hier 7 mi zu Salomons Tempel, einem wunderschönen 160 m hohen Boliden und einer natürlichen Felsbrücke. Beide liegen im Osten und sind so passend für das Nachmittagslicht postiert. Einen Steinwurf weit hinter der Kreuzung zweigt die

Die Felskathedralen im Lower Cathedral Valley

schmale Staubstraße zum Gypsum Sinkhole ab, einem versunkenen artesischen Brunnen von beeindruckenden Ausmaßen: Beinahe 20 m breit und rund 70 m tief ist er jedoch fast zu immens für ein Photo.

Bei Meile 42 erreicht man endlich den unteren Teil des Cathedral Valley und, über einen Abzweig, die schon von oben gesehenen Felsmonolithe Temple of the Sun und Temple of the Moon. Glass Mountain nahe dem Temple of the Sun ist ein wenig kleiner als die drei anderen 130 m hohen Giganten und besteht zu einem guten Teil aus Gips. Sie können die „Tempel" einzeln mit dem Weitwinkel aufnehmen oder aus der Umgebung von Glass Mountain mit einer leichten Telebrennweite kombinieren.

Die verbleibenden 20 mi bis zur Kreuzung mit der Rt-24 führen durch abwechslungsreich bunte Felslandschaft. Mit Queen of the Wash findet sich bei Meile 47 noch ein besonders symmetrisch gefärbtes und großes Exemplar der Bentonite Hills. Von höher gelegenen Teilen der Strecke aus schaut man auf Factory Butte und Black Mountain im Norden, von der tiefer stehenden Sonne effektvoll in Szene gesetzt.

Sofern Licht und Tageszeit noch mitspielen, lohnt sich ein kurzer Abstecher in den Ort Caineville. Die Rt-24 führt hier direkt an der North Caineville Mesa vorbei, auf der die Nachmittagssonne dramatische Schattenspiele veranstaltet. Licht und Wolken lassen die Formationen manchmal eigenartig unwirklich erscheinen. Auf der Rückfahrt nach Torrey fährt man genau auf die in der Abendsonne leuchtende Waterpocket Fold zu und man kann die Verwerfungslinie gut aufnehmen.

Temple of the Moon

Goblin Valley State Park

- 1580 m hoch gelegen
- Rund 400 000 Besucher pro Jahr

Das nur 1,5 km breite und 3 km lange Goblin Valley beherbergt eine große Anzahl faszinierender Bewohner: Zwerge, Kobolde, balancierende Steine, umgangssprachlich Goblins genannt, von Wind und Regen aus dem brüchigen Entrada Sandstein gewaschen. Zu Hunderten, meist nur 1-3 m hoch und von schokoladenbrauner Farbe, scheinen sie dem Talboden direkt zu entwachsen.

Der ganzjährig geöffnete Park liegt 11 mi westlich der Rt-24 und ist über eine geteerte Straße zu erreichen. Es gibt zwar kein Besucherzentrum, aber dafür einen modernen Campingplatz mit jeweils 21 Plätzen für Wohnmobile und Zelte. Von der Rt-24 aus zum Goblin Valley abgebogen, schauen Sie linker Hand auf die Henry Mountains, die sich cinemascopegleich direkt über dem Steppenboden zu erheben scheinen, so klar und rein ist die Luft hier zumeist. Gleich hinter der Eingangsstation finden Sie die von vielen Kalendern bekannte Dreiergruppe der Richter (Three Judges, am besten im Licht der Nachmittagssonne) sowie weitere Formationen, die gut zu den kleinen Hügeln im Vordergrund passen. Wenn Sie am Curtis Bench Trailhead parken, können Sie alle bequem zu Fuß erreichen. Im Gegensatz zu ihren Kameraden im Tal, die dort dicht an dicht stehen, haben die Formationen entlang der Zufahrtsstraße den Vorteil, weitläufiger zu sein. So kann man Vordergrund mit einbeziehen und sie akzentuieren.

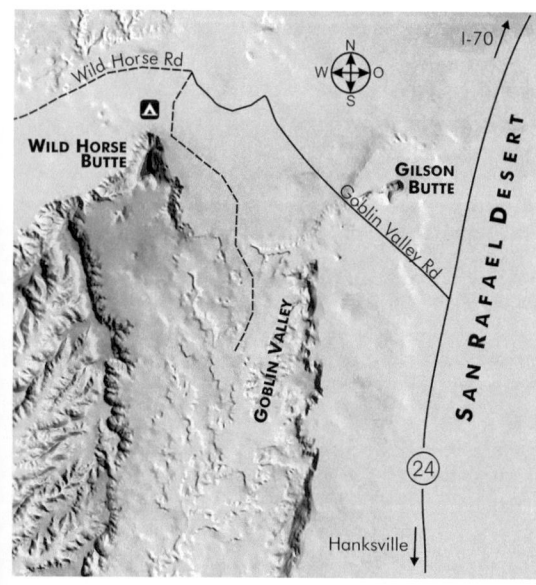

Das Goblin Valley selbst ist in west-östlicher Richtung orientiert. Damit empfiehlt es sich für den niedrigen Sonnenstand am Vormittag und Nachmittag, wenn das Licht aus eben diesen Richtungen einfällt und die Formationen kontrastreich in Szene setzt. In der Mittagszeit planiert die hochstehende Sonne Vorder- und Hintergrund dagegen und nimmt ihnen so die Tiefenwirkung.

Am Ende der Zufahrtsstraße gibt es einen erhöht liegenden Aussichtspunkt mit einem wunderbaren Rundblick nach Süden über das

Goblin Valley. 28-35 mm geben gute Übersichten, mit 85-120 mm Brennweite lassen sich von dort oben interessante Details aussondern. Besonders hier gelten die zuvor empfohlenen Tageszeiten. Lohnender ist es allerdings, in die Lebenswelt der Goblins hinunterzusteigen, sich mitten unter ihnen zu bewegen (im Valley of the Goblins kann man ohne

Formationen im Goblin Valley: Zwerge, Kobolde und Elfen

markierte Wege umherlaufen) und die vielen Photomöglichkeiten mit kurzen Brennweiten zu erkunden. In das umliegende Gelände führen zwei Wanderwege: Der Carmel Canyon Loop Trail, 1,5 km lang und der Curtis Bench Trail, 2,5 km mit gutem Blick auf die Henry Mountains.

Dieser Gegend hier am San Rafael Reef können Sie gut einen ganzen Tag widmen. Nutzen Sie den Vormittag oder Nachmittag für das Goblin Valley und die Mittagszeit, in der die Goblins wenig attraktiv sind, um den nahegelegenen Little Wild Horse Slotcanyon zu erkunden.

Expose To The Right - ETTR

Hier einmal ein Hinweis auf einen fundamentalen Unterschied zwischen der analogen- und der digitalen Photographie, der praktische Bedeutung für die Belichtungs-Bestimmung besitzt. Silberfilme sind so abgestimmt, dass sie die Lichter und Schatten im Knie- und Schulterbereich der Charakteristik-Kurve komprimieren. Diese weicht dort ja vom 45° Winkel im Mittelteil ab. Hellere- und dunklere Bildbereiche werden also schrittweise komprimiert, bis der Film in die totale Unter- oder Überbelichtung übergeht. Halbleiter-Chips, die uns in den Digitalkameras als Bildträger dienen, arbeiten aber anders. Wenn sie vom Licht getroffen werden, baut sich entweder eine Ladung auf oder nicht. Dies Verhalten ist ziemlich linear bis zum Sättigungspunkt, an dem die Umsetzung von Licht in elektrische Ladung abrupt stoppt. Folglich verzeiht die digitale Technik Unter- oder Überbelichtung nicht so wie die Analoge. In diesem Unterschied liegt der Grund dafür, dass die Belichtungsbestimmung anhand einer Graukarte im Digitalbereich zu nicht optimalen Ergebnissen führt. Besser ist es die Belichtung so abzustimmen, dass die hellsten Bildstellen im Histogramm so weit wie möglich nach rechts wandern, bis sie gerade eben noch nicht abgeschnitten werden. Helligkeit und Kontrast regeln Sie später im RAW-Konverter richtig ein. Auf diese Weise nutzen Sie die zur Verfügung stehenden Tonwertstufen nahezu vollständig aus und erhalten sich bei der Nachbearbeitung mehr Möglichkeiten, die Schatten aufzuhellen, ohne sie sichtbar auseinanderzuziehen (posterization).

Slotcanyons im San Rafael Reef

Das San Rafael Reef erstreckt sich als langgezogenes Halbrund zwischen der Rt-24 und der I-70 nordöstlich der Waterpocket Fold. In seinem südöstlichen, dem Goblin Valley SP zugwandten, Teil finden sich mit Crack Canyon, Chute Canyon, Littel Wild Horse Canyon und Bell Canyon vier sehenswerte Slots. Wobei Crack- und Little Wild Horse Canyon die zwei spektakulärsten sind. Zu erreichen ist das Gebiet über die Temple Mountain Road, die 24 mi südlich der Kreuzung mit der I-70 bzw. 20 mi nördlich von Hanksville nach Westen von der Rt-24 abzweigt. Folgen Sie der asphaltierten Straße 5 mi weit und biegen Sie dann links in die gut instandgehaltene Goblin Valley Road ein. Nach noch einmal 5 mi markiert ein Wegweiser auf der rechten Straßenseite die etwas schlechtere Staubstraße der Wild Horse Road. Reisende mit normalen PKW oder Wohnmobilen tun gut daran, sich zuvor bei den Rangern im Goblin Valley nach dem Straßenzustand zu erkundigen, denn die Abschnitte mit Tiefsand können sowohl nach langen Trockenperioden als auch nach Gewittern schwer passierbar sein.

Nach rund 2 mi erreichen Sie dann einen Parkplatz, der als Trailhead für Crack- und Chute Canyon fungiert. Um zum Crack Canyon mit seinen drei sehenswerten Narrows zu gelangen, halten Sie sich rechts und folgen dem trockenen Bett des Wild Horse Creek. Nach 4 km erreichen Sie die Mündung des Crack Canyons, der sich gut 3,5 km tief ins San

Rafael Reef erstreckt. Die photogenen Abschnitte liegen ungefähr in der Mitte. Wenn Sie ambitioniert genug sind, können Sie ihn bis zur Chute Canyon Road an seinem Ende durchklettern, auf der Staubstraße 2,5 km nach Westen bis zum Chute Canyon Trailhead gehen und durch den 3,5 km langen Chute Canyon zu Ihrem Fahrzeug zurückkehren. Dafür brauchen Sie allerdings mindestens einen halben Tag.

Um den Trailhead Parkplatz für Bell- und Little Wild Horse Canyon zu erreichen, folgen Sie der Wild Horse Road weitere 3 mi nach Westen. Von dort folgen Sie dem Weg durch das trockene Flussbett bis Sie nach wenigen hundert Metern einen gut 2,5 m hohen Abbruch erreichen. Weitere 200 m dahinter gabelt sich die Schlucht. Bell Canyon liegt links, Little Wild Horse Canyon rechts. Diese Stelle kann leicht übersehen werden. Little Wild Horse ist gut 3,5 km lang, wovon 2 km zu den photogenen Narrows gezählt werden können. Dieser Abschnitt beginnt gleich vorn. Ein ganzer Kilometer davon verengt sich stellenweise bis auf 1 oder 2 m. 300 m hinter dem Eingang erreichen Sie eine Passage, in die das Wasser sehr ansehnliche Vertiefungen gespült hat. Wenn Sie sie direkt von vorn und von oben beleuchtet aufnehmen, werden Sie später an den Prints eine Merkwürdigkeit unseres visuellen Systems feststellen können: Verkehrt herum gehalten werden aus den Nischen kleine Erhebungen, die polierten Kieselsteinen gleichen.

Weiche Erosionsformen im Little Wildhorse Canyon

Das kommt daher, weil unser visueller Apparat aus der Verteilung von Licht und Schatten auf die räumliche Tiefe schließt und dabei voraussetzt, dass das Licht immer von oben einfällt. Aber bei genauerer Betrachtung sind Schatten viel weniger eindeutig, als sie uns in unserer alltäglichen Wahrnehmung erscheinen. Erhebungen und Vertiefungen erzeugen beide charakteristische Schattenbilder auf der jeweils lichtabgewandten- (Erhebungen) bzw. lichtzugewandten (Vertiefungen) Seite. Aus ihnen können wir in Kenntnis der Beleuchtungsverhältnisse darauf schließen, ob wir eine Erhebung oder eine Vertiefung vor uns haben. In vielen Fällen wissen wir jedoch nicht, aus welcher Richtung das Licht einfällt. In solchen Situationen entsteht trotzdem immer eine Wahrnehmung mit räumlicher Ausdehnung, die auf der praktischen Vermutung unserer visuellen Intelligenz basiert. Im Englischen bezeichnet man sowas als educated guess. Solange wir keine definitiven anderen Anhaltspunkte besitzen, basiert diese Vermutung allem Anschein nach auf der Annahme einer über dem Kopf befindlichen Lichtquelle. Das ergibt vor dem Hintergrund unserer Entwicklungsgeschichte einen perfekten Sinn, denn die weitaus längste Zeit haben wir mit der Sonne als einziger Lichtquelle verbracht. Gerichtetes Licht aus künstlichen Quellen gibt es dagegen erst seit so kurzer Zeit, dass es kaum Niederschlag in unserem visuellen System gefunden haben kann. Aus diesem Grund haben wir wohl gelernt im Zweifelsfall die Lichtrichtung „von oben" anzunehmen und unsere Entscheidung, ob Erhebung oder Vertiefung an ihr zu orientieren.

Wenn Sie den Little Wild Horse Canyon bis zu seinem Ende durchklettert haben, können Sie ihn über den Pfad am Ende auf einem 13 km langen Rundkurs mit Bell Canyon verbinden. Da dieser aber bei Weitem nicht so schön ist wie Little Wild Horse, ist es angebrachter, die Zeit (mindestens einen halben Tag) in diesem zu verbringen.

Aufgrund der guten Zugänglichkeit dieser Slotcanyons haben Sie hier an Feiertagen, in der Hauptferienzeit und an vielen Wochenenden immer reichlich Gesellschaft. Um in Ruhe photographieren zu können, sollten Sie den Besuch also für einen Wochentag planen.

Da das Wasser diese Canyons in den dunkelbraunen Kayenta Sandstein gefräst hat, sind die Lichtverhältnisse im Innern eher düster. Um gute Aufnahmen zu machen, sollten Sie den Trip für die Mittagszeit planen, wenn die Sonne hochsteht und gut in die Schluchten hineinscheint.

Wir für alle Slotcanyons gilt hier im besonderen Maße die Warnung vor plötzlich einsetzenden Wasserfluten, die von weiter nördlich im San Rafael Reef niedergehenden Gewittern rühren. Erkundigen Sie sich daher in jedem Fall bei den Rangern im Goblin Valley SP nach der Wettervorhersage.

Ein wenig Gestaltung

Arbeiten Sie zielgerichtet. So kommen Sie nicht nur zu aussagekräftigen, sondern ebenfalls zusammenhängenden Bildstrecken, die in der späteren Präsentation Sinn machen. Jedem Abschnitt ist eine Themenliste vorangestellt, die versucht das Typische und Besondere des behandelten Gebiets auf den Punkt zu bringen und photographisch zu erschließen. Ein Muster quasi zum Endlanghangeln.

Der einzige Unterschied zwischen einem guten und einem sehr guten Bild ist oft genug die fehlende Konzentration auf das Wesentliche. Füllen Sie das Bild mit dem Hauptmotiv, gehen Sie näher heran und lassen Sie überflüssiges weg. Reduzieren Sie die Landschaft zu Fels und Himmel, zu Wüste und Himmel, zu Stein und Sand. Jedes Bild soll eine Aussage überbringen. Dazu bauen wir eine Geschichte auf, wobei das Motiv normalerweise im Vordergrund steht. Die Bildaussage entsteht aus der schlüssigen Verbindung von Vordergrund und Hintergrund, dem zweiten Element, das dem Motiv zu seiner Berechtigung und Präsenz verhilft. Je klarer der Zusammenhang, desto eindeutiger die Botschaft. Alles, was nicht zum Motiv gehört, was die Bildaussage nicht fördert, gehört nicht ins Bild. Die Kunst ist es wegzulassen!

Menschen machen das Bild freundlicher und schaffen eine Verbindung zum Betrachter. Solche Bilder wecken im besonderen Maße Gefühle, das, was Fotografie eigentlich will. Vermeiden Sie den großen Volksauflauf und konzentrieren Sie sich stattdessen auf einzelne Gesichter. So etwas bringt auch Leben in die Landschaft. Was sich im Sucher vielleicht noch gut macht, wirkt in der Projektion oder auf dem Abzug plötzlich leer und nichtssagend, denn dem Auge fehlt der Größenvergleich und damit ein Maß für die Dimensionen. Lassen Sie also Menschen oder andere Dinge von bekannter Größe im Bild erscheinen. Ist Ihnen niemand zur Hand, benutzen Sie den Selbstauslöser und erscheinen selbst im Bild.

Würzen Sie Ihre Kollektion. Immer nur Landschaften sind langweilig. Photographieren Sie auch Menschen, Nahaufnahmen, Weitwinkel- und Teleschüsse, gutes und schlechtes Wetter und so weiter. Suchen Sie nach hohen Aufnahmestandpunkten, der Blick von oben gewährt immer neue Einsichten. Luftbilder sind ebenfalls eine gute Möglichkeit, um eine monumentale Landschaft ins Bild zu fassen.

Geben Sie Ihren Bildern Tiefe. Damit sie zum Ausschnitt der Wirklichkeit wird, braucht das Auge Punkte, an denen endlang es sich in das Bild hineinhängen kann. Am leichtesten läßt sich das mit einer kurzen Brennweite erreichen, die naturgemäß viel Bild erfaßt. Aber es geht auch ohne die teure 18 mm Optik: Äste, Zweige oder Bäume können den Blick in den Canyon rahmen, eine Person schafft die Verbindung zum Hintergrund, dramatische Schatten beleben den Vordergrund, etc. Das Spiel mit Belichtung und Tiefenschärfe kann sie als Silhouette erscheinen lassen oder gezielt vom Hintergrund freistellen. Darüberhinaus geben Sie dem Betrachter mit solchen Vergleichsmöglichkeiten einen Hinweis auf die Dimensionen.

Geben Sie dem Bild Proportionen. Unser Empfinden von Schönheit ist seit Jahrhunderten von bestimmten Stilen geprägt. Einer davon ist der „goldene Schnitt", der uns täglich in vielen Dingen begegnet, aber vielfach so selbstverständlich geworden ist, daß wir ihn oft übersehen. Stellen Sie sich den Sucher horizontal wie vertikal dreigeteilt vor und plazieren Sie Ihr Motiv auf einer der Linien oder, noch schöner, auf einem der Kreuzungspunkte (eine Gittermattscheibe hilft dabei sehr). Ein bewußtes Vorgehen verhindert die langweilige Plazierung des Hauptmotivs in der Suchermitte.

Gehen Sie auf die Suche nach Details. Es muß nicht immer der ganze Baum sein, ein Ausschnitt, ein Ast, ein paar Blätter oder Zapfen können als Sinnbild stehen.

Last not least: bearbeiten Sie Ihr Motiv. Unterschiedliche Aufnahmewinkel und Tageszeiten bringen manchmal erstaunlich neue Bilder zutage. Auch zwingt die Verwendung unterschiedlicher Brennweiten dazu, das Motiv neu zu durchdenken.

Wissenswertes zu den Slotcanyons des Colorado Plateaus

Formen, so weich, vielfältig und abstrakt, dass sie nicht von Menschenhand stammen können, in Szene gesetzt von theatergleichen Licht- und Schattenspielen, die dem Sandstein eine Farborgie entlocken, ihn in allen Schattierungen einer überbreiten Farbpalette schimmern lassen. - Die Slotcanyons, Spaltencanyons, sind die wohl spektakulärsten und unwirklichsten Sehenswürdigkeiten des Colorado-Plateaus. Manchmal weniger als 1 m breit wurden sie allein durch die Kraft der oft nur saisonalen Flussläufe geformt, deren Überschwemmungen gezielt das weichere Gestein aus einer umgebenden härteren Schicht herauserodierten.

Doch trotz all dieser Schönheit muss hier eine Warnung für alle Slotcanyons stehen: Bevor Sie einen erwandern oder erklettern erkundigen Sie sich vor Ort nach den Wetterbedingungen. Auch bis zu 25 mi weit entfernte Gewitter können plötzliche Sturzfluten auslösen und einen reißenden Strom durch die engen Canyons schicken, vor dem es dann keine Fluchtmöglichkeit mehr gibt. Bei einem Unglück dieser Art ertranken im Sommer 1997 11 Menschen im touristisch gut erschlossenen Antelope Slot bei strahlend blauem Himmel! Die meisten Gewitter und Überschwemmungen treten im August und September auf, wenn es nachmittags häufig zu Gewittern kommt. Juni, Juli, Oktober und die erste Novemberhälfte sind dagegen sehr trocken und gut für ausgedehnte Erkundungen der Slotcanyons geeignet. Diese kraftvollen Überschwemmungen verändern regelmäßig auch die Verhältnisse in den Canyons, so dass sich Aussagen über Zugangsmöglichkeiten durchaus überholen können. Mit einem 10 m langen Seil sind Sie aber für viele unerwartet auftretende Hindernisse gut gerüstet.

Im Innern weniger gut besuchter und besonders dunkler Spaltencanyons lauert darüber hinaus noch eine weitere Gefahr: Klapperschlangen lieben diese kühleren Orte und verschlafen hier gern den Großteil des Tages. Dunkle Ecken und Passagen sollten deshalb erst mit einem langen Stock oder ausgezogenem Stativbein und der Taschenlampe kontrolliert werden. Sofern Sie sich darüber hinaus früh genug durch laute Geräusche oder Stampfen mit den Füßen bemerkbar machen und den Schlangen einen Augenblick Zeit geben sich „dünn zu machen", werden Sie wohl nie einer begegnen.

Wunderschön anzusehen wie sie sind stellen die Slotcanyons doch jeden Photographen vor große Herausforderungen. Vor allem das extreme Helligkeitsgefälle im Innern erfordert etwas Vorbereitung und lässt schnell aus dem Handgelenk geschossene Bilder zu verschwendetem Film oder Speicherplatz werden. Ein Kontrastumfang von bis zu 10 Belichtungsstufen ist keine Seltenheit und überfordert viele Bildträger. Deshalb gilt: Vermeiden Sie direktes Sonnenlicht im Bild. Beschränken Sie sich statt dessen auf das von den Felswänden reflektierte Licht in der unteren Hälfte der Canyons. Diese Detailstudien entfalten die stärkste Wirkung, wenn nur eng beieinander liegende Helligkeitswerte im Bild verarbeitet werden. Einzige Ausnahme: Die häufig durch die hochstehende Sonne in der Mittagszeit auftretenden Lichtsäulen. Diese Lichtfinger, die die Sonne für kurze Zeit durch die obere Öffnung auf den sandigen Boden wirft, enthalten keine zeichnenswerten Details und können bei der Belichtungsmessung einfach ignoriert werden. Da die für die Belichtungsmessung relevanten Flächen mittlerer Helligkeit sehr klein sein können, ist die Möglichkeit der Spotmessung eine große Hilfe (entweder in der Kamera oder mit einem externen Spotmeter). Um diese Ausgangsbelichtung arbeitet man sich bei Diafilm mit +/- 1 Stufe in $1/3$ Schritten herum. Beim großzügigeren Negativmaterial genügt eine zusätzliche Belichtung mit + 1 Belichtungsstufe. Die subjektiv richtige Belichtung kann dann später in Ruhe auf dem Leuchtpult ausgewählt werden. Da sich „mittlere Helligkeit" aber oft leichter sagt, als sie zu finden ist, gibt´s natürlich noch eine andere Möglichkeit. Wählen Sie die hellste Stelle in Ihrer Komposition, die noch Zeichnung aufweisen soll und erhöhen Sie diesen Wert um zwei Blendenstufen. So erzielen Sie die unter den gegebenen Umständen bestmögliche Helligkeitsverteilung im Bild. Die digitale Technik hält in den meisten Kameramodellen mit dem Histogramm eine Funktion bereit, die man auch zur Belichtungseinstellung nutzen kann. Drängen sich seine Balken am linken Ende, ist das ein Hinweis auf Unterbelichtung. Eine längere Belichtungszeit, größere Blende oder höhere ISO-Einstellung verschieben so ein Histogramm nach rechts und leisten Abhilfe. Ist es dagegen stark rechtslastig, kann Überbelichtung vorliegen. In diesem Fall ist eine kürzere Belichtungszeit, eine kleinere

Blende oder niedri-angesagt. Standard-in solch schwieri-hier, sollten Sie das Zeit und Blende regeln, dass gerade werte in den Lich-werden. Dies Clip-kende Bildbereiche nitor angezeigt. So überbelichtet, aber bei der Nachbe-problemlos richtig Diese Technik wird (ETTR) genannt dass die Aufnahme zu hohe Belichtung Rausch-Verhältnis diesem Grund Wenn Sie die hyper-nutzen, kontrollie-genau, welcher scharf abgebildet

gere ISO-Einstellung mäßig und vor allem gen Situationen wie Histogramm mittels so weit nach rechts noch keine Ton-tern abgeschnitten ping wird durch blin-auf dem Kameramo-wird das Bild zwar die Helligkeit kann arbeitung am PC eingestellt werden. *Expose-To-The-Right* und sorgt dafür, durch die eigentlich ein besseres Signal-aufweist und aus schärfer erscheint. fokale Einstellung ren Sie am Objektiv Entfernungsbereich werden soll oder

muss. - Angesichts der häufig langen Belichtungszeiten sollte nicht unnötig weit abgeblen-det werden. So Sie analog arbeiten vergessen Sie bei langen Belichtungszeiten nicht den Ausgleich des Schwarzschildeffektes. Jeder Hersteller hält Datenblätter mit Angaben zur Belichtungsverlängerung und eventuell nötiger Ausgleichsfilterung bereit.
Ein 81 A Warmtonfilter bringt die Rottöne des Sandsteins oft noch ein Quentchen besser zur Geltung. Nehmen Sie Ihre stärksten Kompositionen aber ruhig mit und ohne Filter auf, um später die Wahl zu haben. Das Blitzgerät kann, entfesselt und indirekt mit einem Orangefilter versehen eingesetzt, eigene Akzente setzten, kann als Gegenlicht die Struk-tur des Felsens herausarbeiten oder ihn als direkte Lichtquelle seiner Farben berauben und auf seine Formen reduzieren. Eine Taschenlampe ist in sehr dunklen Passagen eine große Hilfe beim Fokussieren und natürlich dürfen Stativ und Drahtauslöser nicht fehlen.

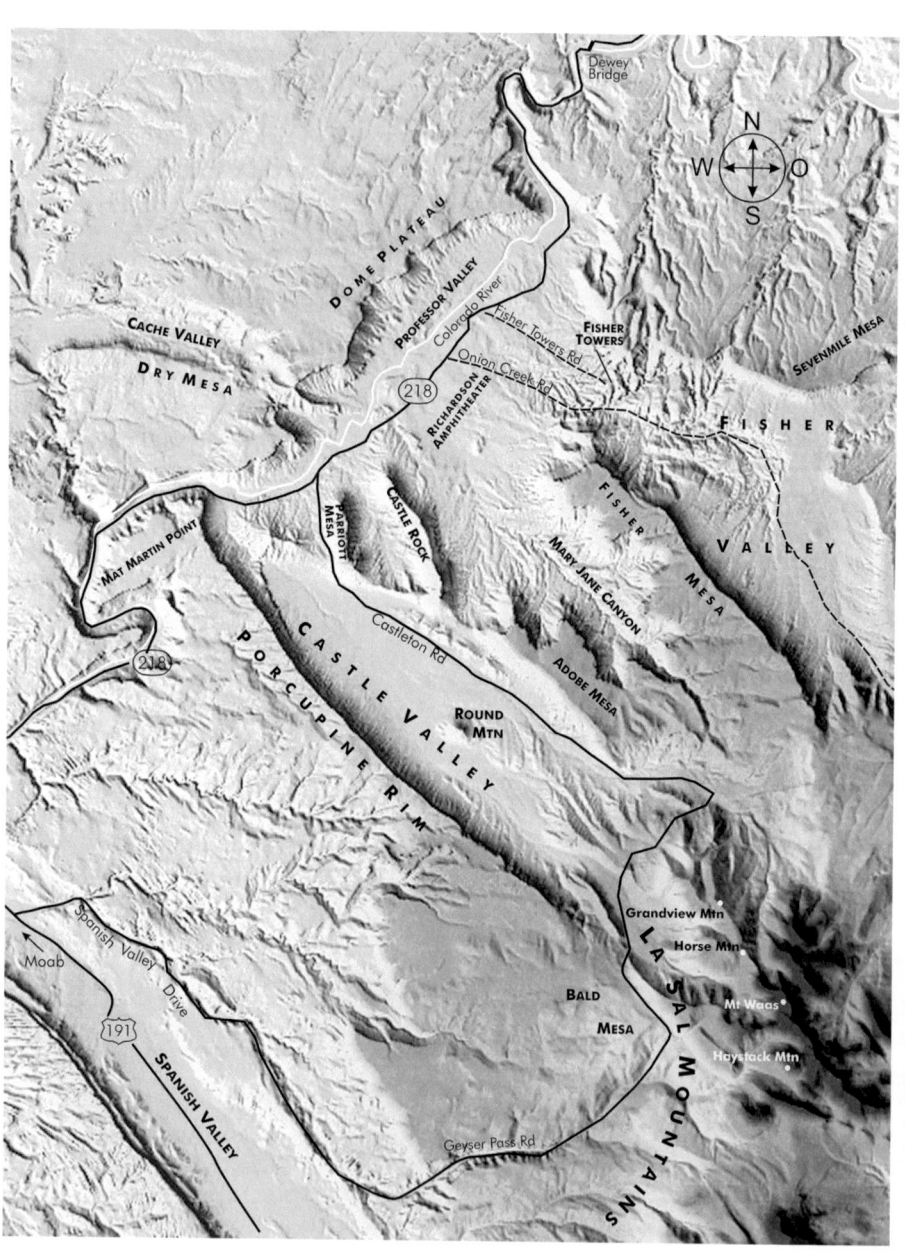

Moab und Umgebung

- Moab liegt in 1232 m Höhe
- Im Schnitt 4 Millionen Besucher pro Jahr
- Hauptbesuchsmonate sind April, Mai, September, Oktober

Wie, Wo, Was

Zwei National Parks, zwei State Parks, zwei Scenic Byways und ein National Forest maximal einen halben Tag entfernt machen Moab zu dem Zentrum der Canyonlands, brennen ein wahres Feuerwerk geologischer Überraschungen und Extreme ab.

Wenn man sich der Stadt von der I-70 aus nähert, kündigt sie sich bereits spektakulär an: Die roten Kliffs rechts der Straße rücken näher und erscheinen so noch höher, die Schlucht verengt sich auf einen schmalen Durchlass und einmal linksherum, einmal rechtsherum zeigt sich das fruchtbar-grüne Tal entlang der Moab-Falte zum ersten Mal. Links abgebo-

Die Moab-Falte nähe dem Arches National Park

gen kann man den Ort nach rund 2 mi auf der Potash Road (Rt-279) vor der Kulisse der La Sal Mountains mit dem Colorado im Vordergrund gut porträtieren. Schwer vorstellbar, dass die Stadt im Uranboom der 1950er Jahre und nicht durch ihre touristische Attraktivität groß wurde. Leider hat sie sich den Charme der patenten Kleinstadt nicht erhalten können. Die Rt-191 gleicht hier heute einer wahren Mainstreet USA an der Hotels, Motels, Galerien und Souvenirshops einander neonbeladen abwechseln. Dafür findet man hier, egal ob Jeep, Mountainbike oder Scenic Flight, alles für jede Art der Freizeitgestaltung.

Runde 1: Der Colorado River Scenic Byway

Die Route 128 führt als Scenic Byway von Moab nach Nordosten nahe am Colorado entlang durch eine grüne Auenlandschaft. 30 mi sind es bis zur Dewey Bridge, dem normalen Umkehrpunkt. Abwechselnd fährt man entweder zwischen den hoch aufragenden Canyonwänden her oder auf ihre teilweise bizarr geformten Spitzen zu. Oft finden sich hausgroße Brocken direkt am Straßenrand. Die besten Kompositionen vereinen den roten Fels, die grünen Bäume und den braunen Fluss. Da die Strecke nach

Fluss und Felsen am Colorado River Scenic Byway

Nordosten führt, ist die zweite Tageshälfte die lichttechnisch günstigste, denn dann arbeitet man mit der im Rücken stehenden Sonne und nicht gegen sie. Je näher der Sonnenuntergang rückt, umso intensiver leuchtet das Gestein im warmen Licht.

An der Abzweigung zur Onion Creek Ranch hat man einen schönen Blick auf die roten Formationen und die La Sal Mountains im Hintergrund.

Der Abzweig zur Fisher Towers Recreation Site befindet sich bei Meile 21 auf der Rt-128. Eine 2 mi lange gut befahrbare Staubstraße führt zu den Monumenten am Ende des Richardson Amphitheaters. Die drei Türme, Überreste einer uralten Sedimentschicht, die heute wie erstarrter Schlamm wirkt, überragen eine Anzahl sehr farbiger kleinerer Canyons. Titan, der höchste, misst 300 m. Ein hin und zurück 6,5 km messender Wanderweg (2-3 Std.) führt entlang ihrer Basis zu mehreren Aussichtspunkten und endet an einer Felsklippe über dem Onion Creek. Von dort aus haben Sie einen sehr schönen Rundblick auf die Türme und den Colorado in der Entfernung. Bei Sonnenuntergang färben sich die Fisher Towers für einen kurzen Moment vollständig rot. Das spektakulärste Bild ergibt sich dann aus der Umgebung der Hittle Bottom Recreation Site, wo der Colorado eine Biegung macht und sich geschickt in den Vordergrund spielt, so dass sich die roten Türme im Wasser wiederspiegeln. Wichtig ist es, die Aufnahme zu machen, bevor die unteren Hälften der Formationen im Schatten liegen, um den Belichtungsumfang klein zu halten. Dies ist bis zu 1 Std. vor Sonnenuntergang der Fall. 85 mm oder 100 mm Brennweite holen das ganze Geschehen formatfüllend heran. Um pünktlich an Ort und Stelle zu sein, sollten Sie den zuvor beschriebenen Wanderweg schon am frühen Nachmittag begonnen haben. Seit 1949 wurden in der Umgebung 27 Filme gedreht, darunter „City Slickers II" und „Lightning Jack".

Auf den folgenden 9 mi bis zur Dewey Bridge verengt sich die Straße und führt haarscharf am Fluss entlang. Die Landschaft ist spektakulär, jedoch lässt sich der Fluss aufgrund der Uferlage vielfach nur schwer mit in die Bilder einbeziehen. Cisco Ghosttown am nördlichen Ende der Rt-128, schon nahe der I-70, ist die weiteren 13 mi über die Dewey Bridge

Die Fisher Towers leuchten im Abendlicht

hinweg wert. Zwischen 1880 und 1910, lange bevor die Interstate gebaut wurde, verlief hier eine Hauptverbindung von West nach Ost und brachte einen prosperierenden Ort hervor, von dem heute noch rund ein Dutzend Gebäudereste und ein gut erhaltener Truckstop zeugen.

Runde 2: Durch die La Sal Mountains

Aus fotografischer Sicht ist auch die folgende Route sehr lohnend, da sie das Licht sehr gut ausnutzt: Morgens von Moab aus nach Süden über den Spanish Valley Drive/Geyser Pass Road, weiter nach Norden über die La Sal Mountain Loop Road. Sie führt unterhalb des Mount Tukuhnikivatz durch den Manti-La Sal Nat.'l Forest und über Bald Mesa ins Castle Valley. Von dort führt die Castle Valley Road auf die Rt-128, den Colorado River Scenic Byway. Sie können ihm ein Stück nach Norden folgen und entscheiden, wo Sie auf einen tieferen Sonnenstand warten, der dem Gelände Farbe und Schatten verleiht.

Auf der La Sal Mountains Loop Road

Von/nach Moab sind es gut 60 Meilen. Die Route ist über weite Strecken asphaltiert. Im malerischen Castle Valley ragt der Castle Rock empor, und auf der Adobe Mesa gibt es einige stachelige Formationen, die Ähnlichkeiten mit den Formationen im Monument Valley aufweisen. Die Fisher Towers sind abwechslungsreicher und spektakulärer, auch wenn sie bei tiefer stehender Sonne deutlich bunter werden. Von der Anhöhe der Castle Valley Recreation Site aus können Sie beobachten, wie die untergehende Sonne die hohen Klippen am Eingang des Professor Valley im Westen in wechselndes Licht taucht. Wenn Sie der Route in dieser Richtung folgen, erreichen Sie Castle Valley im Laufe des Nachmittags und können am frühen Abend über den Colorado River Scenic Byway nach Moab zurückkehren. Das Bureau of Land Management unterhält 10 Campingplätze entlang der Route, einige direkt am Fluss.

Auf der La Sal Mountains Loop Road

Runde 3: Potash Road und Shafer Trail

Dieser Tagesausflug gewährt Ihnen einen schönen Einblick in die spektakulären Canyonlands. Er führt Sie, ein geländegängiges Fahrzeug oder mindestens eins mit hohem Radstand vorausgesetzt, auf einem Rundkurs

Landschaft an der Potash Road

von Moab über die Rt-279 (quasi die Fortsetzung des Colorado River Scenic Byway in westlicher Richtung, auch Lower Colorado River Scenic Byway oder Potash Road genannt) zunächst dicht entlang dem Colorado River. Dann weiter auf einem nichtasphaltierten Stück über den White Rim, bevor Sie über die steilen Serpentinen des Shafer Trail die Höhe der Island in the Sky Mesa erreichen und über die Routen 313 und 191 nach Moab zurückkehren.

4 mi nördlich von Moab biegen Sie beim Milemarker 130 von der Rt-191 auf die Rt-279 ab. Sie passieren die Lagerstelle für radioaktive Uranabfälle und die Schlucht des Grand River – bis 1921 hieß der Colorado River bis zur Mündung in den Green River offiziell Grand River.

Bei Meile 3,6 erreichen Sie den Portal Overlook Trailhead. Von dort führt ein Wanderweg über 2 mi zum gleichnamigen Aussichtspunkt mit gutem Blick über das Moab Valley, die La Sal Mountains und den Colorado.

Ab Meile 5 finden sich an den Indian Writing Schildern Petroglyphen im Fels oberhalb der Straße. In reichlich unterschiedlicher Qualität geben sie Zeugnis von zwei verschiedenen Indianerkulturen. Für sie ist das Vormittagslicht am photo-günstigsten. Das erste Paneel zeigt unglaublich viele Mensch- und Tierdarstellungen sowie verschiedenste geometrische Formen. In der zweiten Darstellungsserie ein kleines Stück weiter sind vor allem Tier- und Jagdszenen verewigt. Über einen kurzen Weg gelangt man hinauf zu den Ritzungen. Um die Petroglyphen von der Straße aus aufzunehmen, sind 200-300 mm Brennweite und ein Standpunkt auf der dem Fluss zugewandten Straßenseite nötig. Entlang dieses Abschnitts sind oft Freeclimber zu sehen, die wie Kletten in den steilen Wänden hängen.

Die Serpentinen des Shafer Trail

Bei Meile 10 erreichen Sie den Parkplatz am Trailhead des Corona Arch Trails. Der sehenswerte, gut 43 m breite und 30 m hohe, Corona Arch liegt nur 2,5 km entfernt inmitten der glattpolierten Felsschichten. Die Wanderung lohnt sich zu jeder Tageszeit, denn der Bogen ist in Nord-Süd Richtung orientiert und so wird vormittags die eine Seite und nachmittags die andere von der Sonne erleuchtet.

Nach 15 mi ist das Ende des

Asphalts an der Kane Creek Potash Mine erreicht. Bei Pottasche, nach der die Ortschaft Potash benannt ist, handelt es sich um Kaliumcarbonat, das Kaliumsalz der Kohlensäure. Der Name rührt von einer alten Anreicherungsmethode von Kaliumcarbonat aus Holzasche, bei der die Salze mit Wasser ausgewaschen und dann in Töpfen eingedampft wurden – Töpfe = Pötte! Dieser Name ist auch der Ursprung des englischen Begriffs für Kalium, Potassium. Heutzutage wird es in Seifen, Farben, Düngern und Backmitteln verwendet und zu deutsch auch Kali genannt. In der Mine wird dies Material abgebaut und in großen Becken getrocknet.

Offiziell endet die Potash Road hier und geht in den 4WD-Track der White Rim Road über, die die Island in the Sky Mesa auf gut 100 mi umrundet (siehe Canyonlands NP).

Nachdem der Meander Canyon nach Westen durchquert ist, führt die Strecke direkt unterhalb des Dead Horse Point Overlook ganz nah an der großen Flußschleife des Colorado vorbei und geradewegs in den Shafer Canyon. Der 400 m Geländeanstieg hinauf zur Island in the Sky Mesa und zur Rt-313 wird über eine Serie enger, steiler Serpentinen bewältigt – nichts für Höhenkranke!

Arches National Park

● Zwischen 1203 und 1718 m hoch gelegen
● Im Schnitt 2 Millionen Besucher pro Jahr
   Hauptbesuchsmonat August

Wie, Wo, Was

Tiefrote Felsen, zwei, drei gewaltige Fensteröffnungen nebeneinander, rechts die violetten La Sal Mountains – zu Recht sind die Aussichtspunkte mit Blick auf die Windows Section am Abend gut frequentiert. Gestatten sie doch freien Blick auf das, was den Park ausmacht: farbige Felsen und geologische Extreme. Scheinbar endlos kann man auf dem hoch über Moab gelegenen Plateau des Arches Parks zwischen hohen Wänden, Kuppeln, Türmen, Fenstern, balancierenden Felsen und natürlich den unzähligen Sandsteinbögen umherwandern, ohne dieselbe Formation zweimal zu sehen. Nur an wenigen Orten auf der Welt findet sich eine solche Konzentration geologischer Extremfälle wie hier. Dabei erscheint die Landschaft in allen Schattierungen von Cremeweiß über Knallorange bis Dunkelrot. Und quasi als Zugabe bringt die Sonne dieses Wirrwarr zweimal am Tag zum Glühen.

Heute sind im Park ungefähr 1700 Naturbögen offiziell registriert und weitere 300 lokalisiert worden. Einige der in jüngster Zeit entdeckten Arches liegen nicht einmal 500 m von der Parkstraße entfernt. Die beiden großen Konzentrationen der natürlichen Bögen befinden sich, durch das Salt Valley getrennt, in der Windows Section und dem Devils Garden.

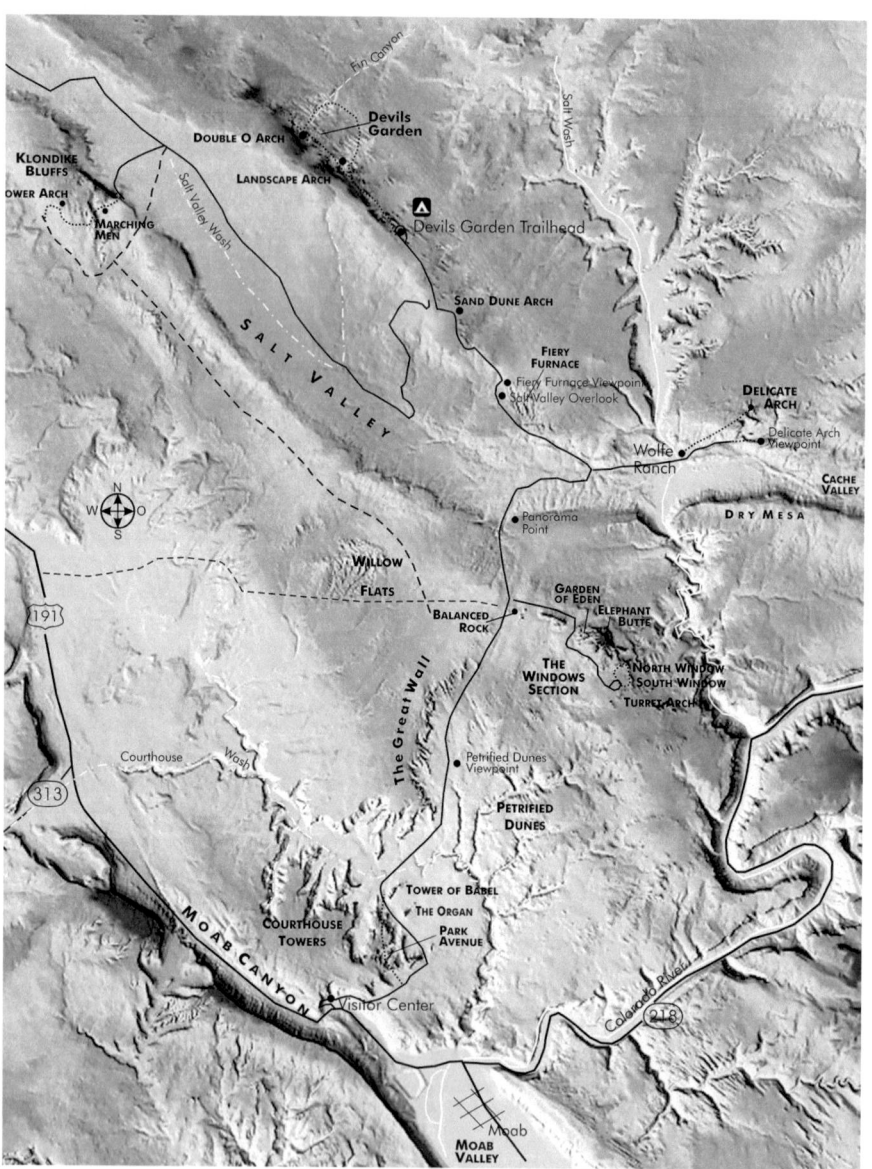

Wegweiser

Der Arches NP ist von der US-191 aus gut zu erreichen und auch die 22 mi lange Panoramastraße stellt keine besonderen Ansprüche an den Fahrzeugtyp. Es gibt einen einfachen Campingplatz nahe dem Devils Garden (52 Plätze, keine Hook-ups für Wohnmobile, First come-First served, Reservierung auf www.recreation.gov), Backcountry Camping ist mit einem kostenpflichtigen Permit gestattet.

Aufgrund der stark gestiegenen Besucherzahl führt der National Park Service seit 2022 Pilotprogramme zur Zugangssteuerung durch. Zwischen 01.04. und 31.10. muss man sein Ticket vorab online für ein bestimmtes Zeitfenster buchen, so man zwischen 07:00 und 16:00 in den Park möchte. Außerhalb dieses Zeitraums gibt es keine Beschränkungen. Die Ergebnisse sind offensicht

Die Formationen von Couthouse Wash

positiv und die beschränkten Ressourcen lassen eh keine andere Wahl – also wird so ein Regime wohl für die Zukunft bebeihalten werden.

Moab ist mit Dutzenden Hotels und Campingplätzen in allen Preisklassen ein nahegelegener Ausgangspunkt. Hier können Sie ebenfalls vom Motorrad bis zum 4-Wheeler alles mieten, was zu einem motorisierten Ausflug gehört.

Geographische Orientierung und die photogensten Tageszeiten

Das Parkgebiet erstreckt sich in Nord-Süd Richtung auf der nahezu ebenen Fläche eines Hochplateaus nördlich von Moab. Am Morgen währt das gute Licht nur kurz, da die Sonne lange von den La Sal Mountains im Osten verdeckt wird. Der späte Nachmittag und Abend sind also eine gute Wahl, um das leuchtende Rot der Felsen im warmen Licht einzufangen. Aber auch ein strahlend blauer Himmel setzt einen netten Kontrapunkt zu den roten Sandsteinformationen, so dass auch während der Mittagsstunden gute Aufnahmen möglich sind.

Motive entlang der Parkstraße

Vom Visitor Center aus geht's in einigen Serpentinen auf das Plateau hinauf. Die ersten beiden Aussichtspunkte bieten guten Ausblick auf die geologische Verwerfung der Moab-Falte, das Tal auf ihrer Ostseite und die darin liegende Ortschaft Moab. Kurz vor Einbruch der Dunkelheit können Sie die Lichter der Stadt gut aufnehmen, wenn Sie am Aussichtspunkt Moab Fault parken und

Balanced Rock

91

Windows Section vom Petrified Dunes Viewpoint

die Straße ein Stück weit hinuntergehen.

Wie eine breite Straße führt die Park Avenue unter den hohen Felsen der Courthouse Towers im Westen entlang. Ein 1,6 km langer Wanderweg (Höhenunterschied 98 m, 45 Min.) verbindet Park Avenue Viewpoint und Courthouse Towers Parking Area. Der Weg führt zunächst steil zum Canyongrund hinunter und folgt dann dem Wash nach Norden. Von hier aus können Sie die umrahmenden hohen Felswände und schöne balancierende Felsen aufnehmen. Gutes Licht herrscht bis zum späten Vormittag oder ab dem frühen Nachmittag, wenn die Formationen von der Seite beleuchtet werden, sich aber noch nicht gegenseitig beschatten.

Vom Courthouse Towers Viewpoint erkennen Sie im Licht des späten Nachmittags mit seinem verlängerten Schattenwurf in den Formationen Three Gossips, Sheep Rock, Tower of Babel und Organ leicht ihre Namengeber. Vom Parkplatz auf der rechten Straßenseite aus können Sie im Nordosten die Felsausschnitte des Garten Eden sehen und mit einer leichten Telebrennweite schön verdichten. Baby Arch, links neben Sheep Rock und noch in der Entstehung begriffen, bietet sich an, um als erstes Bild einer Serie den Prozess der Archwerdung zu dokumentieren (siehe auch Pothole Arch).

Die Petrified Dunes nordöstlich des Tower of Babel und die gegenüber liegende Great Wall lassen sich am frühen Morgen zu einem schönen Bild vereinen. Seien Sie vor Sonnenaufgang hier und gehen Sie mitten in die Dünen hinein bis Sie einen guten Blick auf The Great Wall haben, die vom ersten Sonnenlicht getroffen wird. Beachten Sie bei der Belichtungseinstellung den Kontrast zwischen dem schon erleuchteten Hintergrund und dem noch im Schatten liegenden Vordergrund. Ein Grauverlauffilter ist in der Regel hilfreich, um beide belichtungstechnisch „auf Linie" zu bringen.

Petrified Dunes Viewpoint schaut auf die im

Kein Trick: Abendlicht auf den La Sal Mountains

92

Südosten gelegenen versteinerten Sanddünen. Dies sind Jahrmillionen alte Formationen aus besonders rotem Navajo Sandstein. Am späten Nachmittag setzt sie die tief im Nordwesten stehende Sonne besonders gut in Szene, arbeitet die Texturen heraus und lässt den roten Fels leuchten. Ein leichtes Weitwinkel, aber auch eine leichte Telebrennweite sind die Mittel der Wahl, um diese Motive zu dieser Zeit direkt vom Aussichtspunkt aus zu bearbeiten. Am frühen Morgen sollten Sie dagegen so weit in das Dünenfeld hineinwandern, bis diese die auf der Rückseite (Westseite) des Petrified Dunes Viewpoints gelegenen steilen Felsabbrüche der Great Wall einrahmen. Kurz nach ihrem Aufgang wirft die Sonne ihre ersten warmen Strahlen direkt auf diese langgezogene Formation und lässt sie hell leuchten. Denken Sie an einen Grauverlauffilter, um den Kontrast zu den noch im Schatten liegenden Dünen zu überbrücken.

Balanced Rock ist eins der lohnendsten Motive im Park. Sie können ihn allein oder im Vordergrund der La Sal Mountains bei Sonnenauf- oder -untergang aufnehmen. Ein kurzer Weg führt um den Monolithen herum. Seien Sie bereits vor dem Sonnenaufgang auf seiner Westseite in Position, um die Silhouette vor den spektakulären Himmel zu stellen. Sobald die Sonne aufgegangen ist, warten Sie den Moment ab, in dem sie gerade über die Oberkante lugt. Schließen Sie dann die Blende und belichten auf den Vordergrund, um die Sonnenstrahlen zu brechen und ihnen eine gezackte Form zu verleihen. Falls Sie das Glück haben während eines Vollmondes hier zu sein, können Sie die untergehende Sonne und den im Osten aufgehenden Mond von derselben Position aus aufnehmen. Von der Haltebucht oder der Straße aus fügen sich der Monolith, die Windows Section, einige photogene Sandsteinsäulen im Vordergrund und die am späten Nachmittag schön beleuchteten La Sal Mountains im Hintergrund zu einer beeindruckenden Komposition. Bei Sonnenuntergang verstärken sich die Farben dann zu kräftigem Rosa und Rot.

Gleich am Anfang der Stichstraße zur Windows Section findet sich auf der rechten Seite der noch im Entstehen begriffene Pothole Arch, den Sie mit Double Arch zu einer Vorher-Nachher Sequenz verbinden und so die Ent-

Die Parade of Elephants

Die Formationen der Windows Section

stehung solcher Formationen erläutern können. Hinter der weiten Kurve bestechen der Garden of Eden durch die Vielzahl seiner senkrecht stehenden Formationen und die Parade of Elephants durch die aus der Entfernung deutlicher als solche zu erkennenden Tierformen.

Die drei massivsten Felsbögen bilden die Windows Section auf einer leichten Anhöhe, verbunden durch einen leichten Weg. North Window ist aufgrund seiner Größe und Form schwierig zu photographieren. Platzieren Sie, möglichst am Nachmittag, wenn die Sonne direkt von vorn scheint, Menschen darunter, um dem Bild einen Maßstab zu geben. South Window daneben macht sich am besten in Kombination mit seiner Schwester. Im Südwesten liegt Turret Arch, den Sie von hier sehr gut mit einer mittleren Telebrennweite freistellen können. Wenn es Ihr Zeitplan gestattet, klettern Sie durch das North Window auf seine östliche Seite und benutzen es als Rahmen für eine andere Ansicht von Turret Arch. Dieser ist mit seinen klaren Konturen und den umgebenden Bäumen auch am Nachmittag ein dankbares Motiv.

Der Windows Trail beginnt am Windows Parking Area und führt in einem 1,6 km Loop (sehr eben, 60 Min.) zu North und South Window und zum Turret Arch. Der alternative Rückweg (Primitive Loop) entlang der Rückseite der beiden Windows ist 500 m länger und beginnt am South Window Viewpoint. Entlang des leichten Anstiegs zu Turret Arch können Sie ein gutes Bild zurück von North und South Window nebeneinander machen. Ein paar Schritte abseits vom Weg finden sich einige schön gewachsene Utah Junipers, die genau zwischen die beiden Windows in den Vordergrund passen. Auch hinter Turret Arch ist die Welt noch nicht zu Ende: Ein Stückchen entlang der schmalen Felsbrücke kann man South Window durch Turret Arch hindurch aufneh-

Der grazile Spann des Delicate Arch

men. Nach rechts bieten sich gute Blicke auf die drei Sandstone Fins, im Hintergrund die La Sal Mountains. Flache Beleuchtung am Vormittag und Nachmittag kitzelt das Rot aus allen Formationen.

Die Windows Section als Ganzes, mit Elephant Butte als prominentester Landmarke, nehmen Sie bei Sonnenaufgang vom Salt Valley Overlook und bei Sonnenuntergang aus der Nähe des Petrified Dunes Viewpoints auf. Beide Standpunkte gewähren einen ausgezeichneten Blick auf das dann im flachen Licht badende Plateau mit den La Sal Mountains im Hintergrund, vor allem der zuletzt genannte Aussichtspunkt lässt die Öffnungen der Windows besonders vorteilhaft hervortreten.

Wenn Sie andererseits einen stillen Ort für den Sonnenaufgang ganz ohne die sonst allgegenwärtigen Formationen suchen, begeben Sie sich auf den Trail, der auf die Rückseite von North und South Window führt. Ein gut dosierter Aufhellblitz bringt die Wacholderbüsche im Vordergrund belichtungstechnisch in Linie mit der aufgehenden Sonne über dem Canyon des Colorado Rivers direkt im Osten.

Double Arch auf der anderen Seite der Windows Parking Lot ist ein Pothole Arch, eine ehemals große Vertiefung in der Erde, in der sich Wasser sammelte und später die Seitenwände auswusch und gehört zu den schönsten Bögen. Leider ist er aufgrund seiner Größe und den drei offenen Seiten photographisch nur schwer zu fassen, so dass Sie sich eine gute Ansicht hart erarbeiten müssen. Mit einem 24er Weitwinkel kommt er im Morgenlicht gut vor einem blauen Himmel, einer der Wacholderbüsche am Weg sorgt für Vordergrund und Maßstab. Ebenfalls gut ist der Blick aus seiner Mitte hinüber zur Windows Section, zu den drei in

Aufhellblitz am Turret Arch

nördlicher Richtung hintereinander stehenden Felsmonolithen oder auf die Kliffs der Moab Fault. Darüberhinaus können Sie hier Ihr ganzes Arsenal an Brennweiten und damit verbundenen Perspektiven ausprobieren. Durchklettern Sie ihn, so gelangen Sie zur versteckten Cove of Caves auf seiner Rückseite.

Panorama Point schaut über den Nordteil des Parks und vor allem Salt Valley, dessen sanft gewellte Hügel sich im Nachmittagslicht gut mit einer Telebrennweite verdichten lassen.

An der folgenden Kreuzung geht's rechts ab zum Delicate Arch Viewpoint. Auf den 2,2 mi dorthin passieren Sie zunächst das Wolfe Ranch Parking Area. Auch wenn Sie nicht den dort beginnenden Delicate Arch Trail laufen wollen, lohnt ein kurzer Stop, um das gut

Landscape Arch, einer der längsten überhaupt

erhaltene Petroglyphen-Panel aufzunehmen. Es ist gut zugänglich und zeigt Jagddarstellungen mit Tieren und Menschen. 85 mm Brennweite genügen, um die Ritzungen von vor der Absperrung format-füllend aufzunehmen. Da der umgebende Fels sehr dunkel ist, tendiert manche Belichtungsau-tomatik dazu, die Auf-nahmen überzubelichten. Eine Korrektur ist also eventuell nötig.

Eigentlich bekam der 15 m hohe und 11 m breite Delicate Arch bei seiner Entdeckung im vorigen Jahrhundert den Namen Landscape Arch. Als dann später die erste Karte des Gebiets angefertigt wurde, verwechselte man die beiden, behielt die Namen aber der Einfachheit halber bei. Wie auch immer, Delicate Arch steht heute quasi synonym für ganz Utah und ist einer der Höhepunkte im Park. Es gibt zwei Möglichkeiten, ihn aufzunehmen.

Vom Delicate Arch Viewpoint aus, sehr viel tiefer und um einiges entfernt, wird seine isolierte Lage besonders deutlich. Hier lohnt es sich einen Sonnenaufgang zu verbringen und die Wanderung des Lichts von der Spitze des Delicate Arch hinunter zu den Felswänden des Cache Valley zu beobachten. Eine Telebrennweite um 300 mm holt den Bogen formatfüllend heran, ein starkes Weitwinkel versorgt die ganze Szene mit den Wacholderbüschen im Vordergrund.

Nach 17:00 Uhr, wenn die Sonne nicht mehr ganz so stark brennt, ist es genau die richtige Zeit, um sich auf den am Wolfe Ranch Parking Area beginnenden Delicate Arch Trail zu begeben (4,8 km hin und zurück, 146 m Höhenunterschied, 2 Std., Lassen Sie keinesfalls Ihr Stativ im Wagen und denken Sie an reichlich Trinkwasser) und den Bogen zum Sonnenuntergang aus unmittelbarer Nähe zu erleben. Grazil steht er über einem weiten Amphitheater, von dessen geschwungenem Rand Sie die besten Auf-

Tunnel Arch, einer der bemerkenswertesten

Fin Canyon, hier entstehen neue Felsbögen in einer Art Kinderstube

nahmemöglichkeiten haben, im Hintergrund die 4000 m hohen La Sal Mountains. Mit sinkendem Sonnenstand nimmt er von oben nach unten eine beeindruckend starke Rotfärbung an. Wenn Sie Mut haben, steigen Sie in die tiefe Schüssel hinab und nehmen den Bogen in einem steilen Blickwinkel von unten auf. Oder umrunden Sie ihn auf seiner Westseite und machen Sie eins der seltenen Bilder, in denen er vor dem Amphitheater steht. Wenige Meter vor seinem Ende am Aussichtspunkt verläuft der Delicate Arch Trail entlang einem schmalen Grat. Rechts oberhalb befinden sich dort ein Absatz und eine Öffnung im Fels, durch die Sie einen ungewöhnlichen Blick auf den Bogen und das unter ihm liegende Amphitheater haben. Von hier oben können Sie bei Sonnenuntergang ebenfalls die spitzen Zacken von Fiery Furnace im Südwesten gut aufnehmen.

Fiery Furnace („feuriger Hochofen") ist ein Labyrinth mit mehr als 90 Arches und dicht aneinander gereihten Finnen und Felstürmen, deren Spitzen im Licht der tiefstehenden Sonne Feuer zu fangen scheinen. Da sich viele Besucher in dem unübersichtlichen Gebiet, in dem keine Wege markiert sind, verlaufen haben, ist es nur noch auf geführten Spaziergängen um 10:00 und um 14:00 Uhr in Begleitung eines Rangers zugänglich (Dauer 2,5 Std., frühzeitig am Visitor Center anmelden, da die Teilnehmerzahl begrenzt ist). Diese Rundgänge räumen der Photographie nicht viel Zeit ein und so können Sie zu Gunsten schnellen Filmmaterials und Brennweiten zwischen 20-28 mm ruhig auf das Stativ verzichten. Trotzdem sollten Sie es sich nicht nehmen lassen, den Trail zum Sonnenaufgang wenigstens ein Stück weit allein hinunterzugehen, um die Türme mit einem Weitwinkel von unten gegen den Himmel aufzunehmen.

Wege und Zeiten im Devils Garden ab dem Parkplatz

Tunnel Arch
500 m, 5 min
Pine Tree Arch
700 m, 10 min
Landscape Arch
1,4 km, 25 min
Wall Arch
1,6 km, 30 min
Partition Arch
2,3 km , 75 min
Navajo Arch
2,4 km , 90 min
Double O Arch
3,2 km , 90 min
Dark Angel
3,6 km , 120 min
Fin Canyon
3,6 km , 120 min

Kurz vor dem nördlichen Ende der Parkstraße liegt nahe dem Devils Garden Trailhead der Turnout für Skyline Arch. Ein kurzer Weg führt zu seiner Basis hinunter, von wo er sich gut mit einer kurzen Brennweite gegen den blauen Himmel stellen lässt.

Neun Arches liegen entlang dem leicht zu gehenden Devils Garden Trail, den Sie wegen des Lichts und der angenehmen Temperaturen am frühen Morgen gehen sollten. An ihm finden Sie folgende Landmarken:

Landscape Arch konkurriert mit dem Kolob Arch im Nordteil des Zion NPs um die Ehre, der längste natürliche Felsbogen der Welt zu sein. Wem der Titel zu Teil wird, hängt davon ab, wie gemessen wird. Der Mittelwert der letzten Messungen des Kolob Arch beträgt 89,6 m womit er den Landscape Arch um just 1,2 m übertrifft. Wie auch immer: Sie brauchen wenigstens 24 mm Brennweite, um den Landscape Arch ganz einzufangen. Seit 1991 ein mächtiges Stück aus

ihm herausbrach und der Weg zu seiner Rückseite aus Sicherheitsgründen gesperrt wurde, müssen wir uns alle mit Frontalansichten begnügen. Mit einem aktiv gestalteten Vordergrund, wie den phantasievoll gewachsenen Ästen der Utah Junipers am Wegrand, können Sie den freien, weiten Spann des Bogens zwar den ganzen Tag über effektiv aufnehmen, so

Die Formationen der Marching Men

richtig gut wird die Komposition aber erst, wenn ihn das Licht direkt von vorn trifft. Das ist im Sommer am frühen Morgen, während des restlichen Jahres etwas später am Vormittag der Fall.

An Wall Arch vorbei führt ein Abzweig nach links vom Haupttrail zu Navajo- und Partition Arch. Letzterer erscheint als doppelte Öffnung und von seiner hohen Position aus haben Sie einen guten Blick in den darunterliegenden Canyon. Der 14 m weite Navajo Arch gibt den Blick in eine nach oben offene Kammer zwischen zwei parallelen Felswänden frei. Besonders spektakulär: Das reflektierte Morgenlicht lässt sie im Sommer gegen 10:00 Uhr von innen heraus rot erleuchten.

Zurück auf dem Haupttrail schauen Sie von der Höhe des folgenden Grates nach rechts in den Fin Canyon und die darin liegende „Kinderstube der Arches". Hier können Sie die Entstehung der Bögen aus den großen, vertikal geteilten Schichtpaketen nachvollziehen. Mit 100-200 mm Brennweite lassen sich schöne Details formatfüllend isolieren. Von dieser Position aus bietet sich ebenfalls ein guter Blick nach Westen auf Double-O-Arch, eine interessante Formation, in der ein großer Arch über einem kleineren Window entstanden ist. Ganz am Ende des Weges wartet noch die dunkle Felsspitze des Dark Angel, lohnend nur für alle, die wirklich nichts auslassen wollen.

Von Double-O aus führt ein schlecht markierter Seitenweg nach Osten durch den Fin Canyon zurück zum Landscape Arch und vorbei an zehn weiteren, kleineren Felsbögen. So Sie für den Devils Garden einen ganzen Tag eingeplant haben, können Sie den Nachmittag entweder dort verklettern (11,5 km hin und zurück) oder nach einer angemessenen Mittagspause auf dem schon bekannten Trail zurückkehren (7,2 km hin und zurück) und die spannenden Formationen noch einmal im völlig anderen Licht bearbeiten.

Westlich des Devils Garden liegen die Klondike Bluffs am Rand des Salt Valley, zu erreichen über die 8 mi lange Salt Valley Gravelroad. Dieser wenig besuchte Teil des Parks bietet gute Photomöglichkeiten. Bei trockenem Wetter ist die Strecke auch für normale PKW kein Problem.

Tower Arch, benannt nach dem hohen Felsturm auf seiner Rückseite, ist das Hauptmotiv. Vom Klondike Bluffs Parking Area aus führt ein hin und zurück 3,8 km messender Wanderweg (2 Std.) von Osten aus über eine leichte Anhöhe zu dem rund 30 m messenden Bogen. An seiner nördlichen und südlichen Basis finden sich Ritzungen von Siedlern aus den 1920er Jahren unseres Jahrhunderts. Am frühen Morgen erleuchtet das indirekte Licht, reflektiert von den umgebenden roten Felswänden, die Öffnung von innen. Der späte Nachmittag bietet sich an, um Tower Arch als Rahmen für das im Licht der tiefstehenden Sonne badende wilde Gebiet im Südwesten zu nutzen. Den Trailhead im Westen erreichen Sie nur über eine schwierige 4WD-Road ab der Salt Valley Road.

Vor und nach einem Gewitter bieten sich in den Trockengebieten des Südwestens oft die besten Photomöglichkeiten. Sollten Sie das Glück haben während Ihres Besuchs im Arches National Park eins zu erleben, so ist der hochgelegene Panorama Point dazu nur wärmstens zu empfehlen: Photographieren Sie die aufziehenden dunklen Wolken und die spektakulären Lichteffekte über den roten Felsen und warten Sie Blitz und Donner in der Sicherheit des Wagens ab. Nachdem der Schauer die Luft gereinigt hat und die Sonne wieder durch die Wolken bricht, bietet sich ein weiter Rundumblick. Verschenken Sie eine solche Gelegenheit nicht!

Minimalprogramm und Tagesablauf

Ein- bis zwei Tage, von denen der erste Nachmittag und Sonnenuntergang für den Delicate Arch reserviert sein sollten. Der folgende Morgen führt dann am besten in den Devils Garden, der Nachmittag in die Windows Section, die auch die Kulisse für den anschließenden Sonnenuntergang stellt.

Dead Horse Point State Park

- *1800 m hoch gelegen*
- *Rund 1 Million Besucher pro Jahr*

Dead Horse Point SP, vor den Toren des Canyonlands NPs gelegen, schaut vom schmalen Endpunkt einer hohen Mesa hinab auf die 700 m tieferliegende spektakuläre Schleife des Colorado Rivers im Süden und über den Meander Canyon auf die La Sal Mountains im Osten. Diese Kalendermotive sollten Sie auf keinen Fall versäumen! Der kleine State Park bietet ein Besucherzentrum und mehrere gut ausgestatteten Campingplätze mit Stellplätzen auch für Wohnmobile. Schon die Anfahrt über die Rt-279 ist ein Genuss: Nach 4 mi bietet der zweite Aussichts-

Dem harten Fels der Mesa mußte sich der Colorado in einem Bogen beugen

punkt einen schönen Blick auf die großen Formationen am Eingang des Arches NPs und die La Sal Mountains. Bei Meile 6 schaut man im Osten auf Monitor- und Merrick Butte, bei Meile 7 sind rechter Hand im glatten Abbruch der hohen Felswand fünf kliffartige Überhänge zu sehen. Der Aussichtspunkt bei Meile 8 vereint alle diese Landschaftsbilder und bietet den besten Blick. Nach der Abzweigung zum Dead Horse Point SP von der Rt-313 fährt man geradewegs auf die La Sal Mountains zu. Am frühen Morgen schaut man dann auf die schön beleuchteten Kliffkanten der Canyonlands. Von Moab aus braucht man mit kurzen Stops circa 1 Std. für die 32 mi zum Dead Horse Point.

Der Dead Horse Point Overlook ist der Aufnahmestandpunkt für die beherrschenden Motive dieser Gegend. Die lange Ostflanke der Mesa in der Mitte der Flußschleife ist den ganzen Tag über photogen, auch wenn man zur Mittagszeit einen Polarisationsfilter braucht, um kontrastminderndes Streulicht zu beseitigen. Am schönsten ist es aber bei Sonnenauf- und -untergang, wenn das dann von den Seiten einfallende Licht der niedrigstehenden Sonne dramatische Schatten in die Landschaft zaubert. 28 mm sind eine gute Brennweite für dies Panorama. Der Blick auf die La Sal Mountains braucht dagegen die am Westhimmel stehende Sonne der zweiten Tageshälfte. Ohne dies fehlt es ihm an Kontrast und damit auch an Tiefenwirkung. Am Ostende des Aussichtspunktes gibt es photogene Bäume für den Vordergrund dieses Canyonpanoramas. Aus der Umgebung des Visitor Centers hat man morgens einen guten Blick in den Pyramid Canyon.

Canyonlands National Park

„Wohin wir auch blicken, sehen wir nur eine Wildnis von Felsen; tiefe Schluchten, in denen sich die Flüsse unter Klippen und Türmen und Zinnen verlieren, und zehntausend seltsam gekrümmte Formen in jeder Richtung; und dahinter Berge, die mit den Wolken verschmelzen." John Wesley Powell, *A Canyon Voyage*

- Höhenlagen von 1120-1195 m an den Flußufern und 1500-2130 m auf den Hochflächen
- Im Schnitt 750 000 Besucher pro Jahr, deren überwiegender Teil die Island in the Sky Mesa bevölkert
- Hauptbesuchsmonat ist der Mai

Wie, Wo, Was

Der Park schützt die bemerkenswerten Erosionslandschaften rund um den Zusammenfluss von Green River und Colorado River. Dieses unzugängliche Gebiet teilen die beiden Ströme in drei Teile: Die gut zugängliche Island in the Sky Mesa im Norden, die weniger gut zugänglichen Needles im Südosten und den sehr unzugänglichen Teil The Maze im Südwesten. Hinzu kommt die abseits vom Hauptparkgebiet im Westen gelegene Horseshoe Canyon Unit. Vierradantrieb ist hier kein Luxus, ohne ihn kann man sich nur auf die etablierten Aussichtspunkte beschränken und verpasst das wilde Herz dieses Landes.

Schaut man von einem hoch gelegenen Punkt hinunter auf den White Rim, jene markante helle Erosionsstufe, kann man sich des Eindrucks nicht erwehren, dass dieses Land von den Kräften der Erosion stärker mitgenommen und viel tiefer zerfurcht worden ist als die meisten anderen Gegenden im Südwesten. Und man spürt die Kraft und Ursprünglichkeit, die die Amerikaner stolz True Wilderness nennen. Ein Gebiet voll weiter Canyonpanoramen, Flußschleifen und Tafelberge, in dem man eine Stille und Einsamkeit genießen kann, die vielen anderen Parks schon lange abhanden gekommen ist.

Wegweiser

Island in the Sky und die Needles sind von Moab aus über die Routen 279 bzw. 211 gut zu erreichen. In beiden Parteilen gibt es je ein Besucherzentrum und einen einfachen Campingplatz (26 Plätze im Norden, 12 Plätze im Süden, Wohnmobile bis 28 ft, keine Hook-ups). Außerhalb der Parkgrenzen darf auf vom Bureau of Landmanagement verwaltetem Land frei gecampt werden. Die Zugänge zu den verschiedenen Aussichtspunkten sind asphaltiert. The Maze im Südwesten ist nur über 4-WD-Tracks erreichbar, was gute Fahrkenntnisse und eine entsprechende Ausrüstung voraussetzt.

Im Park gibt es keine Versorgungseinrichtungen, die Needles Outpost, Moab oder Monticello sind die nächstgelegenen Möglichkeiten, um einzukaufen. Backcountry Camping ist mit einem Permit, welches einige Monate in voraus am besten online reserviert werden muss, erlaubt.

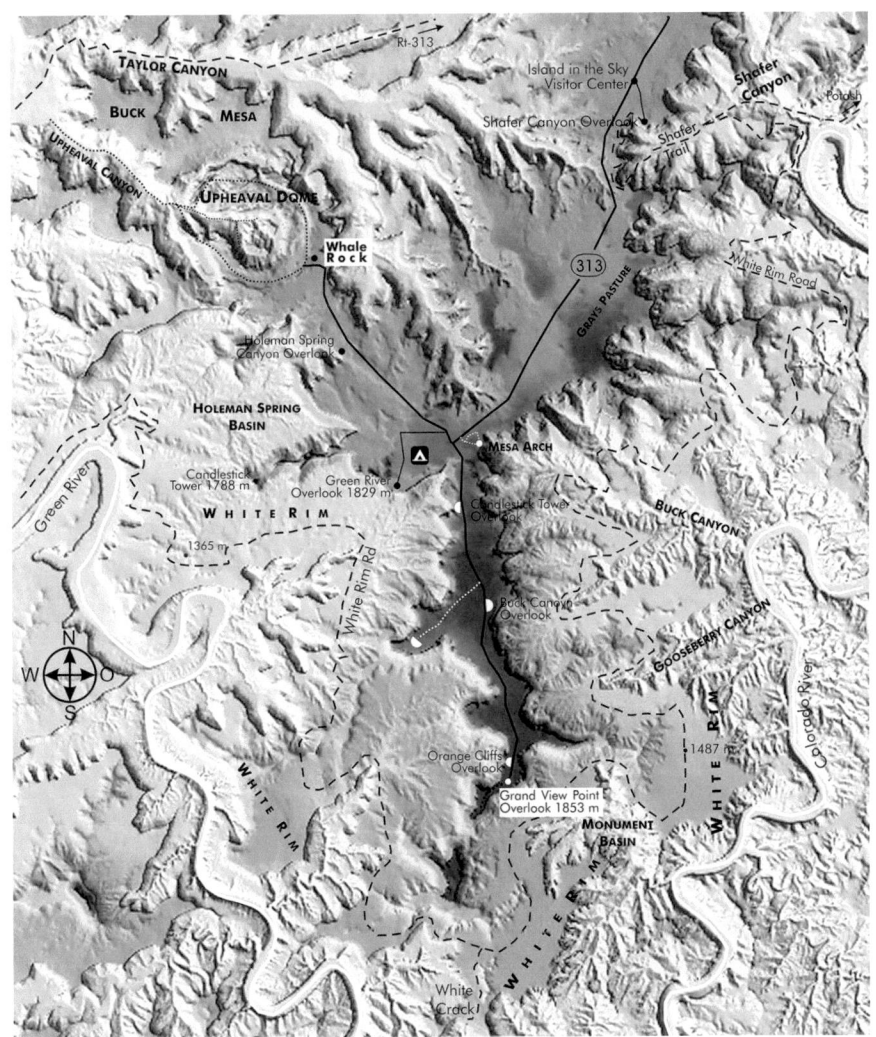

Island in the Sky Mesa

● *1820 m hoch gelegen*

Wie, Wo, Was

Eine Insel ist sie wirklich, die Island in the Sky. Mit dem umgebenden „Festland" nur durch einen schmalen Grat, The Neck, im Nordosten verbunden, spiegelt ihre Form die Erosionskraft von Colorado- und Green River wider, deren beider Zusammenwirken dies mächtige „V" in den Fels gefräst hat.

Durch viele Canyons an den Rändern ausgefranst überragt die Island in the Sky die unter ihr liegende Erosionsstufe, den harten Sandstein des White Rim, um rund 300 m. Unendlich weit geht der Blick von hier oben über die Needles und The Maze hin zu den weit entfernten Horizonten der umgebenden Bergzüge. Verglichen mit diesen Panoramen ist die tellerebene Hochfläche der Mesa selbst photographisch eher weniger interessant.

Motive auf der Island in the Sky Mesa

Die ersten Aussichtspunkte nach dem Parkeingang sind der Shafer Canyon Overlook und The Neck nahe dem Visitor Center, beide mit gutem Blick auf die steilen Serpentinen des Shafer Trail, der hinunter auf das Plateau des White Rim führt. Danach geht es über die mit dichtem Gras bestandene Hochfläche der Mesa, die noch nichts von der Dramatik der Canyonlands verrät.

Kurz vor der Gabelung der Parkstraße nach Nordosten und Süden befindet sich der Trailhead zum Mesa Arch. Dieser spannt sich zwar nur 16 m weit über den Buck Canyon, aber man kann ganz nah herangehen, wenn die aufgehende Sonne seine Unterseite rot erglühen lässt und ein Bild aufnehmen, das zurecht auf vielen Postkarten und Kalendern verewigt ist. – Ein echter Klassiker! Sonnenaufgang bedeutet frühes Aufstehen und etwas Vorbereitung, um dieses tolle Photo zu machen. Die genaue Zeit des Sonnenaufgangs erfahren Sie im Visitor Center in Moab. Nicht weniger als 75 Min. vorher sollten Sie von der Stadt aus starten, um pünktlich in Position zu sein. Wenn es dann soweit ist und die Sonne als Hauptakteur über dem Horizont erscheint, auf der linken Seite im Sommer und auf der rechten im Winter, erglüht die Unterseite des Bogens in leuchtendem Rot! Die Belichtung ist tricky, doch erzielt man gute Ergebnisse, wenn man sie am Himmel gleich unterhalb des Bogens orientiert. Bei Integralmessung reicht normalerweise 1/2 Stufe Überbelichtung aus. Maximal 20 Min. dauert dies Schauspiel an, aber die ersten 5 Min. bieten den intensivsten Farbverlauf von Rot über Orange zu Gelb. Weitwinkel um 35 mm fassen den Bogen schön ein und erhalten die Details im Hintergrund. Von der 20 m entfernten Anhöhe aus kann man die Perspektive der Canyons und der La Sal Mountains mit einem leichten Tele raffen.

Der Mesa Arch ist auch am Ende des Tages noch einen Stop wert, wenn die Sonne seine Vorderseite anstrahlt und er so in ansehnlichem Kontrast zu dem blauen Himmel steht. Der ebene Trail ab dem Parking Area misst nur 400 m.

Verwirrende Formen - Der mächtige Kreis des Upheaval Dome

Zurück auf der Parkstraße hält man sich an der folgenden Kreuzung rechts in Richtung Upheaval Dome. Der Abzweig gleich links führt zum Willow Flats Campground und zum Green River Overlook. 2000 m hoch gelegen schaut dieser von einer Felsklippe aus nach Westen auf das weite Panorama von The Maze, Land of standing Rock und dem Canyon des Green River. Hier entstand das Photo auf dem Cover der offiziellen Parkbroschüre und die besten der wunderbar geformten und teilweise schon abgestorbenen Wacholderbüsche finden sich entlang der Canyonkante rechts des Aussichtspunkts. Bei Sonnenuntergang sorgen sie für einen schönen Vordergrund. Aber Vorsicht: Hier führt kein wirklicher Trail entlang und es gibt keine Begrenzungen am Rand!

Auch der Holeman Spring Canyon Overlook auf dem letzten Stück Parkroad zum Upheaval Dome bietet noch einen guten Blick über das gleichnamige Basin und auf den Canyon des Green River.

Der Upheavel Dome selbst ist aufgrund seiner Größe sehr schwer ins Bild zu fassen. Von keinem Punkt aus ist die ganze geometrische Struktur der konzentrischen Felsringe zu erkennen, allenfalls Teile oder Details lassen sich herauspicken. Interessant sind Blicke von den beiden Aussichtspunkten am Viewpoint Trail auf die am Boden aufragenden vielfarbigen (Grün, Rot, Rosa bis Gelbbraun) kleinen Hügel. Die Geologen sind sich bis heute nicht einig, ob die Formation durch einen Meteoriteneinschlag oder ein kollabiertes Salzpolster entstanden ist. Der Upheaval Dome Trail führt ab dem Parkplatz über 1,5 bzw. 3 km (jeweils hin und zurück) zum 1. bzw. 2. Aussichtspunkt am Südrand der Formation. Ein weiterer Wanderweg umrundet den

Green River Overlook, markant setzen sich die hellen Flächen des White von den erdigen Tönen der Island in the Sky ab

Upheaval Dome auf seiner Gesamtlänge von 13 km und führt an einer Stelle über 2,5 km ins Zentrum des Kraters hinein. Der Weg ist beschwerlich mit beträchtlichen Anstiegen und führt oft über sehr enge Passagen.

Auf dem weiteren Weg nach Süden zum Grand View Point bieten sich unter anderem vom Buck Canyon Overlook aus einige schöne Ausblicke nach Osten und Nordosten auf die beiden großen Flußschleifen des Colorado River. Orange Cliffs Overlook kurz vor dem Ende der Parkroad blickt nach Westen auf die fünf breiten Erosionsterrassen um den White Rim.

Das weite Panorama am Grand View Point ist das Spektakulärste auf der Island in the Sky und am effektivsten am späten Nachmittag aufzunehmen. Es schließt die La Sal Mountains im Osten, Thousand Lakes Mountain und die vulkanischen Henry Mountains im Westen sowie die dicht bewaldeten Abajos und die Elk Ridge im Südwesten ein. Schaut man etwas kürzer, so sind die Needles im Südwesten und die aufrecht stehenden Felsen in The Maze im Südwesten zu sehen.

Lange kann man hier unter einem bedeckten Himmel sitzen und das Puzzle zu seinen Füßen betrachten. Wie zum Beispiel zwei Pick-up Trucks, weiß wie der White Rim Trail auf dem sie sich bewegen, klein wie Spielzeuge, doch nur 300 m senkrecht entfernt, ihre Ausweichmanöver vollziehen. In diesem Meer aus satten, erdigen Tönen wirken sie wie aus einer anderen Welt, der Archaischen da unten nicht zugehörig. Und doch verstärken sie nur den ohnehin schon befremdlichen Eindruck, der sich zu Beginn einstellte: Es ist ein Puzzle, aber irgendwie wollen die Teile nicht zueinander passen. Hier ist man nicht auf gleicher Höhe mit den Akteuren. Auf der Island in the Sky Mesa ist quasi die oberste der drei Welten, die die Hinweistafel am Aussichtspunkt beschreibt. Der White Rim, härteres Gestein, das der Erosion trotzt, drunten im Monument Basin beschreibt die zweite Stufe. Das steile, manchmal dunkle Flusstal des Colorados, hier heißt es treffend Gorge, bildet den untersten Absatz, beherbergt einen der beiden Schöpfer des Spektakels. Erst als die Wolken aufbrechen, die Düsternis weicht und helles Licht durch die Canyonlandschaft flutet macht das Verwirrspiel Sinn, erst jetzt fügen sich die Teile zu einem Ganzen, enthüllen, dass sie einst aus dem Vollen einer uralten Ebene gearbeitet worden sind!

Über den Grand View Point Trail gelangen Sie zum äußersten Ende der Mesa. Hin und zurück sind es 6,4 km oder 2 Std. Auf der Ostseite des Aussichtspunkts führt ein kurzer asphaltierter Weg zu einem Ausblick über Monument Basin. Und Monumente sind es wirklich dort unten in der Tiefe: Eine ganze Armee hoher Felstürme, alle fast gleich hoch und mit einer weißen Kappe aus der Schicht des White Rim versehen, wirft im Morgenlicht ihre langen Schatten durch die Schlucht. Auf der Westseite geht's auf einem anderen Trail über den Aussichtspunkt hinweg bis ans äußerste Ende der Hochfläche. Von hier aus kann man den Sonnenuntergang hinter Ekker Butte, schon dem Glen Canyon National Recreation Area zugehörig, bestens verfolgen. Und ein weiteres Mal bestellen die bereits bekannten, uralten Wacholderbüsche am Wege den Vordergrund.

Zeiteinteilung

Hat man nur einen klaren Tag für die Island in the Sky Zeit, so beginnt man ihn tunlichst mit dem Sonnenaufgang am Mesa Arch, begibt sich danach zügig zum Grand View Point Overlook und lässt ihn mit dem Sonnenuntergang am Green River Overlook enden. Ein zusätzlicher Tag könnte den Dead Horse Point SP, eine zumindest teilweise Umrundung des

Der Kurze Spann des Mesa Arch bei Sonnenaufgang

Upheaval Dome und einen zweiten Sunset am Grand View Point umfassen. An einem dritten Tag kann man sich, allein oder in einer Gruppe, von Moab aus auf den Shafer Trail begeben. Hat man nur einen klaren Tag für die Island in the Sky Zeit, so beginnt man ihn tunlichst mit dem Sonnenaufgang am Mesa Arch, begibt sich danach zügig zum Grand View Point Overlook und lässt ihn mit dem Sonnenuntergang am Green River Overlook enden. Ein zusätzlicher Tag könnte den Dead Horse Point SP, eine zumindest teilweise Umrundung des Upheaval Dome und einen zweiten Sunset am Grand View Point umfassen. An einem dritten Tag kann man sich, allein oder in einer Gruppe, von Moab aus auf den Shafer Trail begeben.

The White Rim

Der White Rim ist eine Ansammlung ehemals gewaltiger Sanddünen, die sich unter dem Druck ihres eigenen Gewichts zu Fels verfestigten. Sie enthielten keine Eisenverbindungen und verfärbten sich deswegen nicht rötlich, sondern behielten über die Jahrmillionen hinweg ihre an bleiche Rinderknochen erinnernde Farbe. Sie bilden heute die markante, rund 300 m unter der Island in the Sky Mesa liegende, Erosionsstufe.

Der Shafer Trail führt von der Island in the Sky Mesa hinunter auf die markante Erosionsfläche des White Rim

Musselman Arch - Mehr Brücke als Bogen

Die White Rim Road, ein von Uran-Prospektoren nach dem 2. Weltkrieg angelegter 4WD-Trail, führt auf rund 100 mi über diese Erosionsfläche. Sie beginnt an der Kreuzung mit dem Shafer Trail, umrundet die Island in the Sky und kehrt am Südende des Labyrinth Canyons über die Mineral Road auf die Hochfläche zurück. Die ganze Strecke ist kaum an einem Tag zu schaffen, so dass man mindestens eine Übernachtung in einem der 10 Camping Areas entlang der White Rim Road einplanen muss. Sie offerieren allerdings insgesamt nur 20 Campsites, so dass die Nachfrage nach den notwendigen Permits fast immer das Angebot übersteigt. Sofern Sie dies planen, müssen Sie sich Monate im Voraus darum bemühen. Der National Park Service hält dazu Informationen auf seiner Website bereit.

Eine Alternative sind Tagestouren, bei denen Sie den White Rim bis spätestens Sonnenuntergang wieder verlassen. Die photographisch lohnendste Möglichkeit steigt über den Shafer Trail im Osten der Island in the Sky hinab und folgt dem White Rim bis zum Gooseberry Canyon oder Monument Basin.

Sie beginnt mit den spektakulären Serpentinen des Shafer Trail, die Sie vom gleichnamigen Aussichtspunkt wenige hundert Meter hinter dem Besucherzentrum des Canyonlands NPs auf der Island in the Sky Mesa aufnehmen können. Da Sie so früh wie möglich am Morgen starten sollten, um genug Zeit auf dem White Rim zu haben, sind

Nahe an der Schöpferkraft: Der Green River vom White Rim

Sie dort automatisch zur richtigen Zeit in Position, wenn die noch niedrig im Osten stehende Sonne den Shafer Trail gut erleuchtet. Nachdem Sie die 5 mi des Shafer Trail bewältigt haben, halten Sie sich an der T-Kreuzung rechts und erreichen nach etwas mehr als 1 mi den kurzen Goosenecks Trail. Er führt zum gleichnamigen Aussichtspunkt, der einen sehr guten Blick auf jene große Schleife des Colorado River freigibt, die Sie auch so prominent vom Dead Horse Point Overlook aus sehen. Nach weiteren 2 mi passieren Sie Musselman Arch. Hier handelt es sich um keinen der aus dem Arches NP bekannten geschwungenen Felsbögen, sondern um eine merkwürdig flache, geradezu platte Steinbrücke. Sie lädt geradezu dazu ein, den darunterliegenden Canyon zu überqueren. Bei Meile 11 zweigt der Lathrop Canyon Trail nach rechts ab. Er führt über rauhe 4 mi hinunter zum Colorado River und dies ist die einzige Zugangsmöglichkeit zum Fluss. Bei Meile 30 erreichen Sie mit dem Abzweig zum White Crack Campground den südlichsten Punkt der White Rim Road und das darunter liegende Monument Basin. Die 1,5 mi zur Camspite sind absolut lohnend, denn sie bieten wunderbare Ausblicke auf den Green River im Westen und die gewaltigen Felsmonolithe im Monument Basin.

Wenn Sie statt dessen dem Green River so ganz nah kommen wollen, nutzen Sie die Mineral Road im Westen, um den White Rim zu erreichen. Fahren Sie, unten angekommen, entweder 1 mi nach Norden zur Mineral Bottom Boat Launch Site oder knapp 13 mi nach Süden in die Gegend der Potato Bottom Campsite. Auf diesem Weg können Sie auch Fort Bottom Ruin besuchen. Dabei handelt es sich um die Überreste zweier Pueblos auf einer Anhöhe, um die der Green River eine große Schleife zieht. Der 3,5 km lange Weg über die Mesa belohnt die Mühe mit einem sehr guten Rundblick über den in der Tiefe dahinfließenden Strom.

Egal, welchen Trip Sie machen: packen Sie Ihre stärksten Weitwinkelbrennweiten genauso ein, wie mindestens ein Teleobjektiv im Bereich um 200 mm, um für die spektakulären Panoramen und die vielen interessanten Details der in der Tiefe liegenden Felsen gleichermaßen gerüstet zu sein. Um Aufnahmen während der sonnendurchfluteten Tagesmitte so weit wie möglich von unerwünschtem, kontrastminderndem Streulicht zu bewahren, ist ein Polarisationsfilter hilfreich.

Ohne 4WD und hohen Radstand sollten Sie aber gar nicht erst daran denken, diese Route zu befahren, ist sie doch mehr oder weniger nur eine Staubstraße mit sehr steilen und engen Abschnitten. – Ein echtes Off-Road-Abenteuer für die knochentrockene Jahreszeit eben. Ein Fahrzeug ist für diese Art Strecken geboren worden: der Jeep Wrangler! Mit seinem kurzen Radstand, der großen Bodenfreiheit und dem mächtigen Drehmoment des großvolumigen Motors meistert er so ziemlich alle Pisten und Steigungswinkel. Geeignete Jeeps für die White Rim Road können in Moab vielerorts gemietet werden, oder man schließt sich einer organisierten Tour an, die wegen der begrenzten Platzanzahl allerdings ebenfalls im Voraus gebucht werden muss.

Die Needles

● *Zwischen 1487 und 1536 m hoch gelegen*

Wie, Wo, Was

Im Gegensatz zur Höhe der Island in the Sky Mesa ist man hier unten im Süden wieder mittendrin, quasi von der Landschaft umgeben. Die Dimensionen werden wieder greifbar und es stellt sich jene Verbundenheit ein, die mit der Nähe einhergeht. – Nähe zu diesem wilden Ensemble über 100 m hoher, mit spitzen Zinnen gekrönter, Sandsteinwände. Infolge senkrechter Brüche annähernd rechtwinklig aus der farbigen Cedar Mesa Formation geschnitten, verstärken Sonnenauf- und -untergang ihre natürliche Rotfärbung ins Unwirkliche.

Die Needles Outpost direkt an der Parkgrenze ist die einzige Möglichkeit, sich in diesem abgelegenen Gebiet mit Benzin und Lebensmitteln zu versorgen. Hier ist von Anfang März bis Ende Oktober zwischen 07:00 und 19:00 Uhr geöffnet und es besteht die Möglichkeit zu campieren, Jeeps zu mieten, geführte Touren oder mit einer winzigen Maschine Rundflüge zu unternehmen. Nur ein paar Meter weiter befinden sich das Needles Area Visitor Center und der einfache Squaw Flat Campground.

Motive entlang der Scenic Road

Die Scenic Road ist die einzige asphaltierte Strecke in den Needles. Sie führt über 8 mi vom Besucherzentrum zuerst nach Südwesten über die Squaw Flat Ebene zwischen Big Spring Canyon und Squaw Canyon zum Squaw Flat Campground und dann nach Norden zum Big Spring Canyon Overlook.

Direkt am Besucherzentrum zweigt eine 4-WD-Piste nach Nordwesten von der Parkstraße ab. Sie erreicht bei Meile 3 den Lower Jump und bei Meile 7 den Colorado River Overlook. Der letzte bietet im Licht der Nachmittagssonne einen wunderbaren Panoramablick über den Fluss.

Nur einen Steinwurf hinter diesem Abzweig liegt das Roadside Ruin Parking Area auf der anderen Seite der Scenic Route. Auf einem kurzen Trail gelangen Sie dort zu den Überresten eines alten Pueblo Vorratslagers.

Der nächste Stop ist Wooden Shoe Arch Overlook, von dem aus Sie den gleichnamigen Felsbogen mit seiner kleinen, tunnelartigen Öffnung sehen können.

An der Kreuzung von Scenic Road und der weiter nach Westen führenden Elephant Hill Road haben Sie einen guten Blick auf die im Westen liegenden Needles. Hier müssen Sie möglichst früh am Morgen sein, wenn die Sonne noch tief im Osten steht und die Formationen in warmes, weiches Licht taucht.

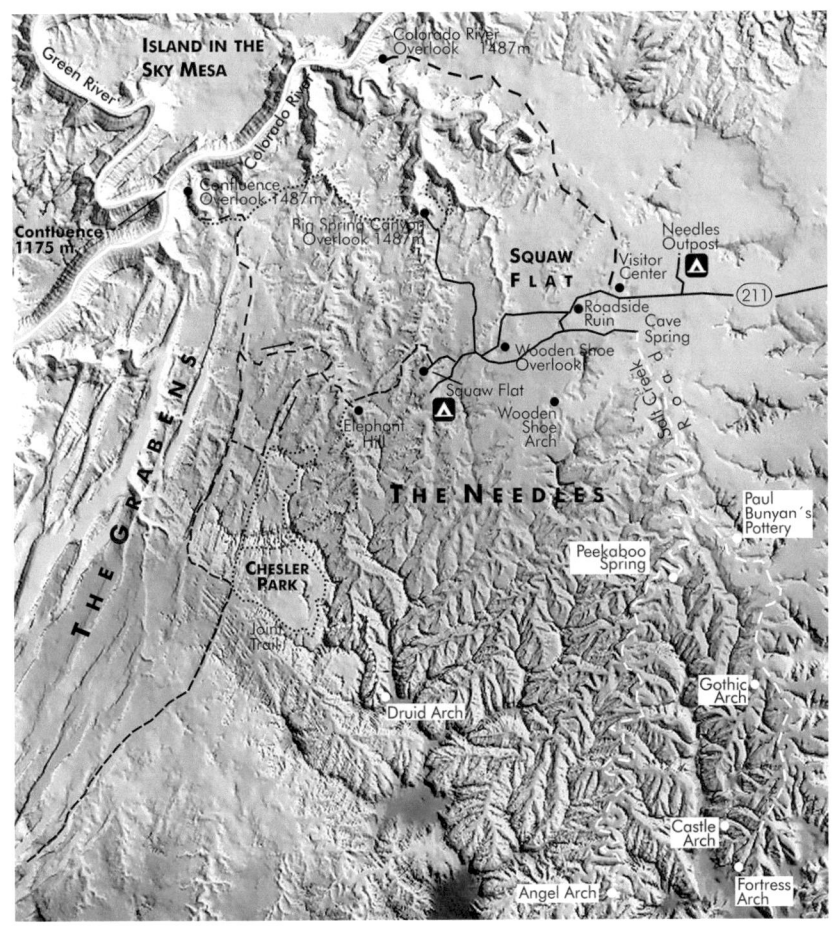

Weiter nach Norden erreichen Sie nach gut 2 mi Pothole Point. Hier findet sich eine interessante Ansammlung natürlicher Wasserlöcher, die, sofern sie ein wenig gefüllt sind, schön reflektierende Motive abgeben. Entlang dem 800 m langen Rundwanderweg gibt es ein paar schöne Flecken kryptobiotischer Kruste zu sehen (auch: Biological Soil Crust). Dabei handelt es sich um einen dünnen dunkelbraunen Bodenüberzug aus Zyanobakterien, Flechten, Moosen und Algen. Diese natürliche Schicht schützt den Boden vor Erosion und saugt Feuchtigkeit auf. Damit ist sie ein guter Untergrund für die Ansiedlung von Pflanzen, ja sogar die Grundlage allen Lebens in der Wüste. Sie ist sehr empfindlich und sollte nicht betreten werden.

Einen Steinwurf vor dem Ende der Straße beginnt der Slickrock Trail. Er führt als 4 km langer Rundweg (gut 2 Std.) entlang den Rändern der Mesa zu deren Spitze und offeriert sehr lohnende Ausblicke auf den unterhalb liegenden Big Spring Canyon und die Needles. Der erste

Die Needles - Spitze Namensgeber dieses Parkteils

Aussichtspunkt ist bereits nach 800 m erreicht. Er ist eine 1A Sunset Location, denn er schaut nach Osten auf das weite Feld der Felszinnen und die Manti-La Sal Mountains. Der zweite Viewpoint am Umkehrpunkt des Trails liegt etwas näher an den Needles und bietet einen sehr guten Ausblick auf die im Nordwesten gelegene Island in the Sky Mesa. Auf diesem Teil der Hochfläche sind oft Bighorn Schafe zu sehen.

Verglichen mit den Ansichten entlang dem Slickrock Trail fällt Big Spring Canyon Overlook selbst mächtig ab. Schenken Sie ihn sich also zu Gunsten der Rundwanderung.

Motive in Squaw Flat und im Big Spring Canyon

Der Squaw Flat Campground ist über den dritten Abzweig von der Scenic Road aus zu erreichen, kurz hinter der Biegung, in der sich diese wieder nach Norden wendet. Dort beginnt der Big Spring Canyon Trail, der schon nach 1,5 km einen Aussichtspunkt mit schönem Blick auf die Needles erreicht. Dies ist ein wunderbarer Ort für den Sonnenaufgang, der auf die dann rot glühenden meilenlangen Reihen der Needles schaut. Brennweiten zwischen 135 und 200 mm eignen sich gut, um die Perspektive zu verdichten, ein Polarisationsfilter betont das Relief der Felszinnen.

Motive am Elephant Hill und im Chesler Park

Markante Felslandschaft rund um Chesler Park

Chesler Park im Südwesten der Needles ist eine mit dichtem Gras bestandene Senke mit einer bemerkenswerten Anzahl extrem farbiger Felsspitzen, die die Erosion aus dem Cedar Mesa Sandstein geschliffen hat. Diesen Teil erreichen Sie vom Elephant Hill Rest Area aus, das drei nicht asphaltierte Meilen westlich des Squaw Flat Campgrounds liegt.

Eine Möglichkeit, die Formationen aufzunehmen, ist der erhöht gelegene Chesler Park Viewpoint, zu erreichen über den hin und zurück 9,6 km messenden Chesler Park Trail (mindestens 3 Std.) ab dem Elephant Hill Parking Area.

Wollen Sie näher an die im feinen Nachmittagslicht leuchtenden Spitzen im Chesler Park heran, müssen Sie vom Chesler Park Viewpoint aus in die Senke hinabsteigen und sie auf dem 8 km langen Weg umrunden. Besonders nah kommen Sie den Formationen, wenn Sie dem kurzen Abzweig zu den Campsites CP3-CP5 folgen. Insgesamt sind so hin und zurück zum Elephant Hill 17,6 km zu bewältigen. Das hört sich schlimmer an als es ist, denn ein Großteil der Strecke verläuft über recht ebenes Gelände. Nichtsdestoweniger werden Sie den längsten Teil eines Tages dafür brauchen. Beginnen Sie ihn so früh wie möglich am Morgen, um die dann schön beleuchteten Needles vom ersten Teil des Trails aus aufzunehmen. Der Nachmittag sollte Chesler Park selbst zugedacht sein, dessen Formationen dann im besten Licht liegen.

Motive: Der Confluence Overlook

Der Confluence Overlook bietet direkten Blick auf den Zusammenfluss von Green- und Colorado River. Ihn können Sie vom Big Spring Canyon Overlook aus auf einem 7,2 km langen Weg erlaufen. Wollen Sie den Sonnenuntergang hier zu einem spektakulären Photo nutzen, so sollte der 6,7 mi lange 4x4 Trail ab dem Elephant Hill Parking Area den Vorzug erhalten.

Confluemce Overlook - Vereinigung zweier Giganten

Allerdings ist dies eine anspruchsvolle Strecke und wenn Sie Ihren Fahrkünsten nicht trauen, ist es besser, sich jemandem anschließen, der über genügend Erfahrung verfügt. Übrigens ist genau zu sehen, wo sich die beiden Ströme mischen: Das Wasser des Colorados ist lehmig braun, die Farbe des Green River entspricht seinem Namen.

Den einzigen direkten Zugang zum Colorado River stellt der Lower Red Lake Canyon Trail dar (30 km Roundtrip ab Elephant Hill Trailhead, 427 m Höhenunterschied). Er führt durch die Formation der Grabens und durch den Red Lake Canyon steil zum Fluss hinunter. Mit einem Permit können Sie mehrere Nächte campen.

Motive im Salt Creek Canyon und Horse Canyon

Das Tor zum echt wilden Südosten der Needles ist Cave Spring. Wenige hundert Meter hinter Roadside Ruin zweigt eine Stichstraße nach Süden von der Scenic Road ab, die im weiteren Verlauf als Staubstraße zur Cave Spring führt. Auf einem nur wenige hundert Meter langen Rundwanderweg gelangen Sie zu einer kleinen Grotte an der sich einige Felszeichnungen und, als eine Art Freilichtmuseum, ein altes Cowboy Camp befinden. Bei Cave Spring zweigt die 4WD-Strecke nach Süden zum Salt Creek Canyon und in den Horse Canyon ab. Der westliche Abschnitt in den Salt Creek Canyon ist allerdings ab dem Peekaboo Campground seit einigen Jahren für den Fahrzeugverkehr gesperrt, um die empfindliche Umwelt zu schützen.

Wollen Sie das Gelände erkunden, brauchen Sie erstens wieder mal ein geländegängiges Fahrzeug und zweitens ein Permit vom Visitor Center. Informationen zur Beantragung und Reservierung der Permits hält die Parkverwaltung auf ihrer Website bereit.

In der Saison ist der Andrang groß, so dass Sie nicht sicher sein können, eins der Next Day Permits vor Ort zu bekommen.

Nach 2,5 mi gabelt sich die Staubstraße in einen östlichen- und einen westlichen Arm. Der östliche Teil, die Horse Canyon Road, führt zu Paul Bunyans Pottery (3,2 km) und zu Tower Ruin (4,8 km), einer Anasazi Ruine hoch oben in einem Felsnest. An ihrem südlichen Ende befinden sich noch die drei nur zu Fuß zu erreichenden Felsbögen Gothic-, Castle- und Fortress Arch. Ihn sollten Sie nicht ohne ordentlichen Vierradantrieb in Angriff nehmen.

Nach 4 mi erreichen Sie Paul Bunyans Pottery. Paul Bunyan ist eine mythische Gestalt, ein Holzfäller von gewaltiger Größe und Kraft. So einer hätte hier sicher seinen Spaß gehabt, denn bei der Formation dieses Namens handelt es sich um einen mächtigen Pothole Arch. Diese Gattung bezeichnet keinen echten Felsbogen, sondern ein Felsgebilde mit einer „im Dach" liegenden Öffnung, die durch Wasser entstanden ist, das einen einstmals kleinen Abfluss immer größer hat werden lassen. Ein wirkliches Spielzeug für Riesen halt! Dies Exemplar hier hebt sich durch markant gezeichnetes Desser Varnish ab.

Bei Meile 4,5 führt ein 0,5 mi langer Abzweig nach Osten zur Tower Ruin, den Überresten eines Pueblos unterhalb eines Felsbalkons. Folgen Sie dem kurzen Weg bis zu seinem Ende, von wo aus Sie die Hinterlassenschaften mit einer Telebrennweite aufnehmen können. Weiter hinaufzusteigen ist untersagt.

Bei Meile 8,5 geht ein Fußweg über 600 m rechts ab zum Castle Arch. Nur wenig weiter folgt ein zweiter Trail zum Fortress Arch. Beide sind eigentlich nur interessant für Leute, die nichts auslassen wollen.

Der westliche Arm, die Salt Creek Canyon Road, führt auf kurvenreichen 17,6 km weiter nach Süden zum Angel Arch. Ist aber, wie angesprochen, ab dem Peekaboo Campground für Fahrzeuge gesperrt. Um den wunderbaren Angel Arch zu sehen, müssen Sie also von hier aus eine 16 km lange Wanderung auf sich nehmen. Dazu nehmen Sie nach 13,5 km den Abzweig nach Osten. Nach weiteren 3 km ist das Ziel dann erreicht. Dort befindet sich ebenfalls die interessante Formation des Molar Rock, der in der Tat einem großen Backenzahn (Molar) mehr als nur ähnlich sieht. Molar Rock macht sich sehr gut im Vordergrund des Angel Arch. Das beste Licht herrscht hier am frühen Morgen, so dass Sie in der Nähe der Formationen campieren sollten, um sie richtig gut zu erwischen.

Molar Rock und Angel Arch

Zeiteinteilung

Jeder Abstecher in die Needles Section sollte mit mindestens zwei Übernachtungen verbunden sein, um diesem abwechslungsreichen Gebiet annähernd gerecht zu werden. Dann kann man Big Spring Canyon Overlook, Confluence Overlook und einen Trip über die Salt Creek Road bequem verbinden. Wer aus Zeitgründen nicht in diese Gegend vordringen kann, sollte zumindest den ab Moab 64 mi messenden Abstecher zum Needles Overlook machen, um die Reihen der spitzen Felszinnen im Abendlicht leuchten zu sehen.

Die Horseshoe Canyon Unit

Dieser Teil im Westen der Island in the Sky Mesa wurde dem Canyonlands National Park erst 1971 hinzugefügt. Er schützt einen kleinen Bereich im Süden des gleichnamigen Canyons und damit vor allem die Great Gallery, jenes spektakulärste und älteste Petroglyphenpaneel der USA. Man erreicht dieses wirklich weit abgeschiedene Gebiet am besten über eine 32 mi lange Staubstraße, die zwischen Milemarker 136 und 137 nach Osten von der Rt-24 abzweigt (nahe Goblin Valley SP). An der ersten Gabelung nach 25 mi hält man sich links, nach weiteren 5 mi ist

Außerirdische oder Fabelwesen? Die Bedeutung der Felszeichnungen liegt bis heute im Dunkel der Geschichte verborgen.

der Abzweig nach rechts zum Trailhead dann markiert. Über 2,4 km und beinahe 300 m geht's von hier in den Canyon hinunter. Unten angekommen schlägt man den relativ ebenen und gut markierten Weg nach rechts ein und erreicht nach rund 3 km das Ziel. Hin und zurück brauchen Sie mindestens 4 Std. Da es im Sommer im Canyon sehr heiß werden kann, sollten Sie reichlich Wasser mitführen. Erkundigen Sie sich vorher immer nach dem Straßenzustand.

Auf dem Weg passiert man drei weitere Paneele: The High Paneel auf der linken Seite befindet sich hoch am Felsen und braucht eine satte Telebrennweite von mindestens 200 mm. Die beiden anderen, The Horseshoe Shelter und The Alcove Site, sitzen rechts und angenehm tief. Ist die Große Galerie erreicht, macht sich zuerst ein beklemmendes Gefühl breit: Dutzende große, mit rotem Ocker auf den Fels gemalte Figuren schauen von ihrer 10 m hohen Warte aus nach Südosten in die Morgensonne. Oft ohne Arme und Beine dargestellt, dafür mit übergroßen Augen und zusätzlich eingeritzten Verzierungen versehen wirken sie wild und fremd und scheinen eng anliegende Umhänge zu tragen. Zwischen diesen Humanoiden finden sich Tiere und Jagdszenen. Aufgrund Ihrer Lage werden sie vom Morgenlicht geradezu verwöhnt, am Nachmittag aber stiefmütterlich im Schatten belassen. Das ganze Panel ist gut 35 m lang. Viele der dargestellten Figuren sind mannshoch, manche messen sogar über 2 m.

Wenn Sie sich keiner der rangergeführten Touren anschließen, die im April, Mai, September und Oktober jeweils Samstagsvormittags stattfinden, müssen Sie sich damit begnügen, die Malereien aus gut 10 m Entfernung aufzunehmen. Da sind mindestens 200 mm Brennweite gefordert, um die zahlreichen interessanten Details formatfüllend auszusondern. Für Übersichten tut es ein leichtes Weitwinkel- oder Normalobjektiv. Nur die Ranger können die Absperrung aufschließen und Sie nah heran begleiten. Wenn Sie Aufnahmen in der Mittagszeit machen, leistet ein Polarisationsfilter gute Dienste, um kontrastmindernde Reflexionen zu vermeiden.

Nach allgemein akzeptierter Lehrmeinung, die durch Radiokarbon-Datierungen der Pigmente gestützt wird, datieren die Malereien der Großen Galerie auf gut 1000 v. Chr. Damit stammen sie aus der frühen Fremontperiode, in der es noch keinen Ackerbau gab.

Um den Tag in dieser Gegend gut auszunutzen, sollten Sie die Große Galerie so früh wie möglich am Morgen erwandern und den Nachmittag für einen Besuch des Goblin Valley State Parks nutzen.

Minimalprogramm und Tagesablauf
Aufgrund der landschaftlichen Teilung und der daraus resultierenden großen Entfernungen lässt sich nur schwer ein Programm vorgeben. Wenn irgend möglich, sollte man die drei großen Parkteile aber mindestens wie folgt abdecken: Die Great Gallery an ½ Tag erlaufen, 1 Tag auf der Island in the Sky verbringen und 1 Nacht in den Needles campieren.

Newspaper Rock SHP

Petroglyphen sind einem Tiefrelief gleich in den Stein geritzt, Piktogramme sind auf seine Oberfläche gemalt. Der Newspaper Rock State Historical Park ist mit kleinen Kunstwerken der ersten Gattung übersät und liegt 12 mi westlich der Rt-191 auf dem Weg in den Needles District der Canyonlands an der Rt-211.

In den Felszeichnungen sind wohl an die 2000 Jahre Geschichte der Fremont-, Anasazi- und Navajo-Kulturen dieser Gegend gut verschlüsselt festgehalten und die Bedeutung der Symbole ist noch nicht enträtselt. Da sie zu den besten Exemplaren indianischer Felskunst zählen und quasi direkt an der Straße liegen, sollte man sie auf keinen Fall versäumen. Die meisten

anderen Darstellungen dieser Qualität liegen schwer erreichbar weit abseits im Gelände. Das Tableau kann den ganzen Tag über effektiv aufgenommen werden, und auch wenn Sie schon bei Dunkelheit aus den Needles kommen, lohnt es sich noch einmal zu halten und die Petroglyphen mit der Taschenlampe nachzuzeichnen oder ihnen mit farbigen Blitzen einen mystischen Ausdruck zu verleihen. Um die ganze Wand aufzunehmen, sind 28 mm nötig. Ein Makroobjektiv eignet sich, um einige der abstrakten Figuren formatfüllend abzubilden und auch in Schwarzweiß machen sich die Ritzungen gut. Aus einigen Metern Entfernung kann man die Lage des Paneels an der rechten Unterseite der Felswand dokumentieren. Darüber hinaus ist keine Vorder- oder Hintergrundgestaltung möglich.

Auf den folgenden 3 mi finden sich noch mehr Petroglyphenpaneele auf der rechten Straßenseite. Da es hier nur noch wenige Parkmöglichkeiten gibt, bietet sich ein kurzer Fußmarsch an. Die Rt-211 führt auf weitere 20 mi zum Needles Visitor Center.

Natural Bridges National Monument

- 1980 m hoch gelegen
- Im Schnitt 80 000 Besucher pro Jahr
- Hauptbesuchsmonat ist der Juni

Wie, Wo, Was

Brücke ist nicht gleich Brücke. Auch wenn Arches und Natural Bridges dem Namen nach eigentlich verwandt sein müssten, erzählt dieser Park eine andere Geschichte, denn seine Formationen sind durch die Kraft des fließenden Wassers entstanden und finden sich in der Tiefe der Canyons. So muss man zu ihnen hinunter steigen, um zu ansehnlichen Bildern zu kommen. - Von der Höhe der Aussichtspunkte aus verschmelzen die hellen Sandsteinbrücken beinahe mit der Landschaft.

Wenn ein Flußlauf mäandert, also in Bögen verläuft, die an ihrer Basis sehr eng sind, kann er durch seine Erosionskraft natürliche Felsbrücken schaffen. Im Laufe der Zeit verringert er dabei die Stärke des Materials zwischen den Bögen, bis an der engsten Stelle am Fuß des loops nur noch eine dünne Wand stehen bleibt. Ist diese endlich vom Wasser ausgehöhlt und durchbrochen nimmt der Fluß diesen neuen, kürzeren Verlauf. Natürlich nagt die Wasserkraft weiterhin am Fels und wird auch die neu entstandene Formation nach geologisch kurzer Zeit zum Einsturz bringen.

Felsbrücken, wie diese, entstehen, wenn ein Flusslauf mäandert, also in Bögen verläuft, die an ihrer Basis sehr eng sind. Die Enge der Bögen verstärkt die Erosionskraft des Wassers, das die Stärke des Materials zwischen den Flussschleifen mit der Zeit verringert, so dass an manchen Stellen nur noch eine dünne Wand stehen bleibt. Ist diese endlich vom Wasser ausgehöhlt und durchbrochen, nimmt der Fluss diesen neuen kürzeren Verlauf. Natürlich nagt die Wasserkraft weiterhin am Fels und wird auch die neu entstandene Formation nach geologisch kurzer Zeit zum Einsturz bringen.

Die Hochfläche, heller Cedar Mesa Sandstein, ist dicht mit Wacholderbäumen, Douglas Tannen und Kiefern bestanden und auch hängende Gärten finden sich in den feuchten Schluchten. In sie hinein haben die Flüsse die drei großen Brücken geschnitten. Mit etwas Glück können Sie Wanderfalken, Berglöwen, Luchse oder Schwarzbären beobachten. Alle diese natürlichen Resourcen boten auch den indianischen Ureinwohnern gute Lebensbedingungen, was sich in über 200 archäologischen Stätten in der Umgebung niederschlägt. Wenn Ihre Zeit knapp bemessen ist, sollten Sie sich nur

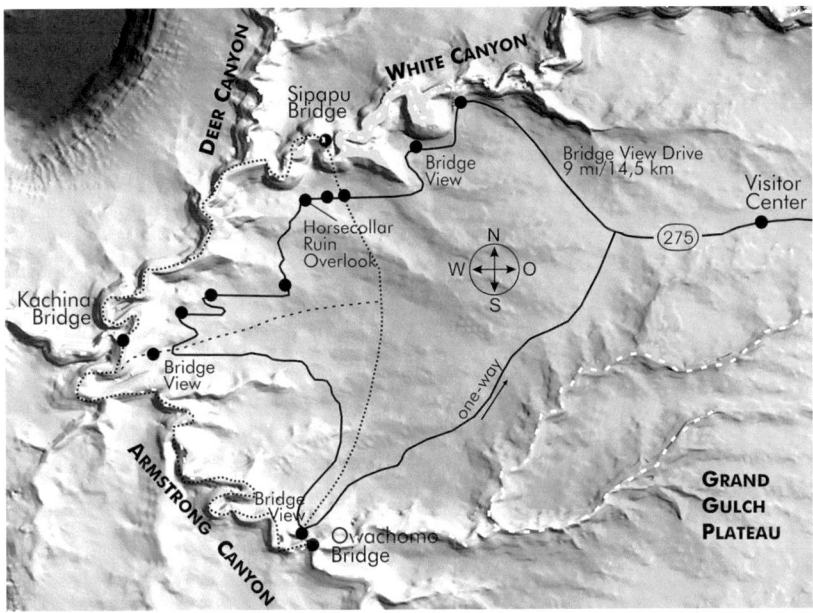

auf die Owachomo Bridge in dem nach Südosten verlaufenden Armstrong Canyon konzentrieren. Sie ist von allen am leichtesten erreichbar und zeigt sich am frühen Morgen von ihrer Schokoladenseite.

Kachina- und Sipapu Bridge liegen tief in dem nach Nordosten gehenden White Canyon. Aufgrund dieser Lage und der hellen Färbung heben sie sich von oben betrachtet kaum von dem sie umgebenden Sandstein ab. Ihre Massivität und Form wird nur kenntlich, wenn man sie mit dem Blick von unten nach oben vor den vorzugsweise blauen Himmel stellt. Ein wenig Vordergrund hilft die Dimension einzuschätzen. Für gute Bilder muss man also in die Canyons hinabsteigen, am besten am Nachmittag, wenn sie ausreichend beleuchtet werden.

Der Park liegt 40 mi westlich von Blanding an der Rt-275, die hier endet. Von Süden kommend gelangt man mit der Rt-261 über die steilen Serpentinen des Moki Dugway hier hinauf. Außer einem einfachen Campingplatz mit 13 Plätzen auch für Wohnmobile (kein Wasser oder Strom) und dem Visitor Center gibt es keine Services. Der Park ist das ganze Jahr über 24 Stunden geöffnet. Der Bridge View Drive passiert alle Aussichtspunkte als 14,5 km lange Einbahnstraße. Das Besucherzentrum ist täglich von 09:00-16:00 Uhr geöffnet.

Natural Bridges in den Jahreszeiten

Auf 1900 m Höhe gelegen besitzt Natural Bridges NM ausgeprägte Jahreszeiten. Das Frühjahr bringt Temperaturwerte zwischen 0° und 15° C. Bis Mai kann es schneien. Im Sommer liegen die Temperaturen zwischen 13° C und 32° C. Nachmittags sind Gewitter häufig. Der Herbst ist mit Werten zwischen 7° C und 18° C angenehm warm.

Panorama der Owachome Bridge

Schneefall kann bereits Ende Oktober einsetzen. Im Winter können die Temperaturen bis auf -15° C fallen, aber auch 7° C sind möglich. Ordentlicher Schneefall ist die Regel. Der meiste Regen fällt im Frühjahr und Spätsommer.

Motive entlang des Bridge View Drives

Sipapu Bridge ist die größte der natürlichen Brücken und 2,5 mi vom Visitor Center entfernt. In der Tat ist sie nach der Rainbow Bridge die zweitgrößte natürliche Felsbrücke der Welt. In der mythologischen Vorstellung der Hopi ist ein *Sipapu* ein Tor, durch das die Seelen in die spirituelle Welt hinüber wechseln. Der Weg zum Grund des White Canyon misst 1 km (1 Std. hin und zurück) und bewältigt 160 m Höhenunterschied. Von dem Felsvorsprung auf halbem Weg haben Sie bereits einen sehr guten Blick auf das Monument. Der weitere Weg ist dann so steil, dass er über Leitern, Treppenstufen und an Geländern entlang führt. Sie brauchen beide Hände, um ihn zu gehen. Doch lohnt die gute Ansicht der Brücke von den unten die Beschwernisse. Das Licht ist vormittags am günstigsten.

Vom **Horsecollar Ruin Overlook** bei Meile 3 führt ein 500 m langer, ebener Weg zur Bruchkante des White Canyon. Von dort aus können Sie die Überreste eines alten Pueblo Cliff Hauses auf einem großen Felsbalkon auf der gegenüberliegenden Canyonseite sehen und mit mindestens 200 mm Brennweite aufnehmen. Die Ruine ist nicht direkt zugänglich und weist zwei Getreidespeicher und eine zeremoniellen Zwecken dienende Kiva auf.

Sipapu Bridge überspannt den White Canyon

Kachina Bridge ist die wahrscheinlich jüngste der drei Brücken, denn sie ist am wenigsten erodiert. Das bedeutet sie ist noch sehr massiv (gut 30 m dick) und weist eine vergleichsweise kleine Öffnung auf wegen der man sie vom Aussichtspunkt aus nicht gut sehen kann. Ihren Namen verdankt sie den Kachina Tänzern, die eine wichtige Rolle in der spirituellen Tradition der Hopi spielen. Der Aussichtspunkt liegt 5 mi vom Visitor Center entfernt. Der Weg hinunter zur Brücke misst 1,1 km mit einem Höhenunterschied von 122 m (1 Std. hin und zurück). Am Fuß des Trails finden sich einige Petroglyphen.

Armstrong Canyon

Owachomo Bridge ist die kleinste und zerbrechlichste der drei Brücke und liegt im Armstrong Canyon. Der Tuwa Creek, der sie besonders schnell erodiert hat, fließt nicht mehr unter ihr hindurch. Ihr Aussichtspunkt liegt liegt 7 mi vom Visitor Center entfernt. Der Weg hinunter misst nur 400 m mit 55 m Höhenunterschied (30 min hin und zurück). Einige kleine Pools mit Wasser am Boden des Canyons vor dem dünnen Bogen der Felsbrücke sorgen für Reflexionen und interessante Photomöglichkeiten. Aufgrund der leichten Erreichbarkeit sollte man Owachomo Bridge auf keinen Fall auslassen, obwohl sie im Hinblick auf die Größe von den anderen beiden übertroffen wird.

Wenn Sie ½ Tag Zeit haben, können Sie alle drei Felsbrücken auf einem **Loop Trail** durch die meist ebenen Schluchten erwandern. Von Sipapu Bridge aus können Sie zuerst dem White-, dann dem Armstrong Canyon zur Kachina- und Owachomo Bridge folgen und anschließend über die Mesa wieder zum Ausgangspunkt zurückkehren. Macht hin und zurück 13,8 km. Allerdings sind die 9 km zwischen Sipapu Bridge und Kachina Bridge die schönsten und daher ausreichend. Nur wenige hundert Meter hinter der Kreuzung von White Canyon und Deer Canyon passieren Sie einige indianische Ruinen auf einem Felsvorsprung auf der rechten Seite des White Canyon. Wenn Sie bei Kachina Bridge zurück hinauf zur Mesa wollen, folgen Sie dem Weg nicht geradeaus weiter, sondern biegen Sie dirckt unter der Brücke nach links ab.

Minimalprogramm und Tagesablauf

Ein halber Tag. Auf der Rundfahrt über den Bridge View Drive in eine Schlucht hinunter steigen und ein Ensemble aus Brücke und Fluss aufnehmen.

Aus der Luft gegriffen...

Nach einem Blick aus einer Raumstation ist der zweitschönste Platz zum Beobachten eines Sonnenauf- oder -untergangs wohl in 10.000 m Höhe an Bord eines Flugzeugs - ein farbigeres und intensiveres Schauspiel läßt sich kaum vorstellen! Aber auch Start und Landung sind überaus lohnende Momente auf einem Flug und, einen Fensterplatz vorausgesetzt, sollte die Kamera immer schußbereit sein. Wenn Sie z.B. am Abend über Las Vegas an- oder abreisen haben Sie schon einen gratis Rundflug gewonnen, denn von nirgendwo ist das Lichtermeer so photogen wie von hoch oben. Folgende Tips mögen zu ansehnlicheren Ergebnissen verhelfen:Ein Fensterplatz ist auf Langstreckenflügen zwar nie schlecht, aber bei den häufig wechselnden Lichtsituationen eines 12 Std Fluges gibt´s keine ideale Sichtseite. Vielmehr sollte man mit der Kamera öfter die Seite wechseln und auch einmal in die 1. Klasse schauen. Wichtig ist es, einen Platz vor den Tragflächen zu ergattern, da der heiße Abgasstrahl der Turbinen auf deren Rückseite für Unschärfen sorgt. Bei Propellermaschinen ist das allerdings genau umgekehrt. Ein Normalobjektiv oder leichtes Tele bis 135 mm sorgen für ausreichenden Abbildungsmaßstab und mit gleichzeitig zwei Gehäusen braucht man die Brennweiten nicht zu wechseln. Autofocus Objektive wirken sich übrigens nachteilig aus, da ihnen wegen der eigenen schnellen Bewegung die Bezugspunkte am Boden fehlen. Lichtstarke manuelle Festbrennweiten sind besser geeignet. Um Vibrationen keine Chance zu geben, sollte das Objektiv die Scheibe möglichst nicht berühren. Wenn Sie eine Sportmaschine oder einen Helicopter anmieten und so die Tageszeit frei wählen können, sollten Sie entweder am frühen Morgen oder Nachmittag starten, da die tief stehende Sonne sowie starkes Seiten- oder Gegenlicht die Konturen der Landschaft am besten betont. Grundsätzlich gilt: eine gerade Horizontlinie oder gar keine! Der Farbstich einer evtl. getönten Scheibe kann mit einem KR-3-Filter korrigiert werden. Bei den genannten Fluggeräten ist es fast immer möglich, eine Tür oder Seitenscheibe zu entfernen und diese Möglichkeit sollte man zur Qualitätssteigerung der Bilder auch nutzen. Dann läßt sich auch ein Polarisationsfilter zur Farbsättigung verwenden, der bei einer Kunststoffscheibe ansonsten für Spektralstreifen sorgt. Da es von oben keine Teilung in Vorder- und Hintergrund gibt, fällt auch eine entsprechende Bildgestaltung flach. Stattdessen muß man auf starke Schatten oder Kontraste zurückgreifen, um die Bilder zu dramatisieren und ihnen Definition zu geben. Kontraste können z.B. auch scharfe Gegensätze in der Landschaft selbst sein, wie Küstenlinien, Wüsten und Flußläufe, Wiesen und Wälder. Ohne klassischen Vorder- und Hintergrund entfällt aber auch das Scharfstellen, weil alles immer im Unendlichbereich liegt, und die Beachtung der Tiefenschärfe. Die Belichtungszeit kann also immer so kurz wie möglich gewählt werden und sollte 1/250 sec nicht unterschreiten.

Arch: Eine natürliche Öffnung entstanden durch Wind oder Regen. Nicht zu verwechseln mit einer *Natürlichen Brücke*.

Balanced Rock: Eine Felsformation bestehend aus hartem (oben) und weichem (unten) Material. Der weichere Teil wurde schneller erodiert so daß der härtere Teil darauf sitzen blieb.

Butte /Bjute: Eine kleine, tief eingeschnittene Mesa deren unterer Teil durch eine harte Schicht oben drauf geschützt wird. Manchmal auch „Zeugenberg" genannt, da sie wie im Monument Valley die einzigen Überreste des einztigen Plateaus sind.

Canyon: Ein tiefes, durch die Kraft des hindurch fließenden Flusses, geformtes Tal.

Fins: Eine Gruppe nach vertikalen Bruchlinien einzeln erodierter Felsen ähnlich einer Haifisch Flosse.

Fold: Eine durch unregelmäßige Bewegungen der Erdkruste hervorgerufene Erhebung. An der Waterpocket Fold tritt z.B. eine im Osten 2000 m tief liegende Sediment Schicht im Westen an die Oberfläche.

Goblins: Formationen aus weichem Gestein die die Erosion in groteske Formen verwandelt hat, auch Hoodood genannt.

Goosenecks: Solche zumeist langgezogene Flussbiegungen entstehen, wenn die Erosionskraft des Wasser nicht ausreicht, um die im Weg liegende harte Felsschicht zu durchbrechen.

Mesa: Ein hohes, das Umland überragende, Plateau. Der Begriff kommt aus dem spanischen und bedeutet „Tisch".

Natural Bridge: Eine natürliche Öffnung hervorgerufen durch die Kraft eines mäanderden Flusses.

Narrows: Eine Schlucht deren Wände sehr dicht zusammen stehen geschaffen durch Wasserkraft. Narrows sind oft trocken gefallen.

Needles: Sandsteinformationen die zu ausgefransten Spitzen erodiert wurden, manchmal auch Minarette oder Turmspitzen (Spires) genannt.

Reef: Eine natürliche Felsbarriere in Form eines Gebirgszuges hervorgerufen durch die vertikale aufwärtsbewegung einer Sedimentschicht.

Sand Pipes: Phallische Säulen aus hellem Sandstein

Slickrock: Ein Begriff der den durch die Elemente glatt gewaschenen Sandstein des Colorado Plateaus beschreibt.

Slot Canyon: Ein sehr schmaler Canyon mit weich geformten Wänden, hervorgerufen durch die wiederholt wirkende Kraft plötzlich einsetzender Sturzregen.

Wash: Der saisonale Verlauf eines Flusses. Aktiv meist nur nach sporadischen heftigen Regenfällen.

Klimadaten Zion NP

	J	F	M	A	M	J	J	A	S	O	N	D
Ø Höchsttemperatur ° C	11,0	13,7	17,0	22,5	28,0	33,5	37,4	35,7	32,4	25,3	17,0	11,5
Ø Temperatur ° C	4,0	6,0	9,0	13,0	19,0	25,0	28,0	27,0	23,0	17,0	9,0	5,0
Ø Niedrigsttemperatur ° C	-1,6	0,5	2,2	6,0	11,0	15,4	19,8	18,7	15,4	9,3	2,7	-1,1
Ø Niederschlag (mm)	41	41	43	33	18	15	20	41	20	25	30	38
Anzahl klare Tage	9	7	9	10	12	17	16	16	18	17	11	10
teilweise bedeckte Tage	8	8	8	9	10	8	10	10	8	7	8	8
bedeckte Tage	14	13	14	11	9	5	5	5	4	7	11	13
% Sonnenschein	56	64	60	68	74	83	77	79	80	75	63	60

Klimadaten Snow Canyon SP, Joshua Tree Natural Area

	J	F	M	A	M	J	J	A	S	O	N	D
Ø Höchsttemperatur ° C	12.1	16.0	19.7	24.7	30.1	36.0	39.0	37.7	33.7	27.1	18.2	12.3
Ø Temperatur ° C	4.7	8.0	11.5	15.8	21.0	26.2	29.7	28.5	24.0	17.3	10.0	4.9
Ø Niedrigsttemperatur ° C	-2.6	0.0	3.1	6.8	11.8	16.5	20.5	19.3	14.2	7.6	1.6	-2.5
Ø Niederschlag (mm)	23.3	23.9	24.0	13.9	9.3	5.4	14.7	16.9	15.6	15.1	18.1	23.2
Ø Schneefall (mm)	33	15	5	0	0	0	0	0	0	0	5	22

Klimadaten Coral Pink Sand Dunes SP

	J	F	M	A	M	J	J	A	S	O	N	D
Ø Höchsttemperatur	8,9	11,9	14,8	19,5	24,9	30,7	33,6	32,1	28,1	22,6	14,9	9,7
Ø Temperatur	1,8	4,3	6,9	10,7	15,5	20,7	24,1	23,0	19,0	13,5	7,0	2,5
Ø Niedrigsttemperatur	-5,3	-3,1	-0,9	2,0	6,1	10,6	14,7	13,9	9,7	4,4	-0,8	-4,7
Ø Niederschlag (mm)	37,8	33,5	40,6	23,3	18,2	8,1	25,6	37,8	23,8	24,8	32,2	31,4

Klimadaten Bryce Canyon NP

	J	F	M	A	M	J	J	A	S	O	N	D
Ø Höchsttemperatur ° C	3,8	4,9	7,7	13,2	18,7	24,2	28,0	26,4	23,1	17,0	10,4	5,5
Ø Temperatur ° C	-6,0	-4,0	-1,0	3,0	8,0	13,0	17,0	16,0	11,0	6,0	-1,0	-5,0
Ø Niedrigsttemperatur ° C	-12,6	-10,4	-8,2	-3,8	-0,5	3,3	8,2	7,1	2,7	-1,6	-7,1	-11,5
Niederschlag mm	43	35	35	30	20	15	35	56	35	35	30	40
Ø Schneefall mm	427	442	396	190	43	2,5	0	0	2,5	63	254	368
Anzahl klare Tage	9	7	9	10	12	17	16	16	18	17	11	10
teilweise bedeckte Tage	8	8	8	9	10	8	10	10	8	7	8	8
bedeckte Tage	14	13	14	11	9	5	5	5	4	7	11	13
% Sonnenschein	56	64	60	68	74	83	77	79	80	75	63	60

Klimadaten Cedar Breaks NM

	J	F	M	A	M	J	J	A	S	O	N	D
Ø Höchsttemperatur ° C	-1,5	0	3,0	6,2	11,6	17,8	21,2	20,0	15,5	8,5	1,5	-2,1
Ø Niedrigsttemperatur ° C	-12,1	-12,0	-9,9	-7,2	-2,6	1,8	5,3	5,5	1,2	-4,3	-9,6	-12,5
Ø Niederschlag mm	102	105	108	91,5	37,6	29,7	46,2	78,2	57,1	84,1	72,6	75,7
Ø Schneefall mm	1565	1575	1542	1194	267	145	0	0	30,5	660	1557	1232

Klimadaten Tropic/UT

	J	F	M	A	M	J	J	A	S	O	N	D
Ø Höchsttemperatur ° C	5.6	8.1	11.7	16.4	21.5	26.9	29.9	28.2	24.0	18.7	11.2	6.6
Ø Niedrigsttemperatur ° C	-8.9	-6.5	-4.0	-1.3	2.4	7.1	11.0	9.8	5.5	1.2	-4.1	-8.1
Ø Niederschlag (mm)	28.1	26.1	31.2	19.3	17.1	11.4	30.4	46.8	30.5	31.7	22.3	26.1

Klimadaten Escalante/UT,

	J	F	M	A	M	J	J	A	S	O	N	D
Ø Höchsttemperatur	5,0	8,5	12,6	17,8	23,3	29,3	32,3	30,4	25,9	19,6	11,6	6,0
Ø Temperatur	-2,4	1,1	4,7	9,0	13,9	19,0	22,5	21,0	16,5	10,6	4,0	-1,3
Ø Niedrigsttemperatur	-9,9	-6,1	-3,1	0,2	4,4	8,7	12,6	11,5	7,0	1,7	-3,6	-8,6
Ø Niederschlag in mm	19,8	15,7	22,8	12,7	17,2	10,4	26,9	38,3	26,4	24,8	21,0	17,7

Klimadaten Boulder/UT

	J	F	M	A	M	J	J	A	S	O	N	D
Ø Höchsttemperatur	3.6	6.4	9.8	14.7	20.0	25.8	29.2	27.5	23.3	17.4	9.7	4.5
Ø Niedrigsttemperatur	-9.0	-6.2	-3.2	0.4	5.1	10.5	14.3	13.3	9.0	3.5	-3.0	-7.7
Ø Niederschlag (mm)	23.2	19.2	24.3	16.1	19.6	11.7	27.0	37.7	24.0	25.4	18.9	18.3

Klimadaten Capitol Reef NP

	J	F	M	A	M	J	J	A	S	O	N	D
Ø Höchsttemperatur ° C	4,0	9,0	14,0	19,0	24,0	30,0	33,0	32,0	27,0	20,0	12,0	5,0
Ø Temperatur ° C	-2,0	2,0	6,0	11,0	16,0	22,0	25,0	24,0	19,0	13,0	5,0	0,0
Ø Niedrigsttemperatur ° C	-8,0	-4,0	0,0	4,0	8,0	14,0	17,0	16,0	12,0	6,0	-1,0	-6,0
Niederschlag in mm	13	10	17	12	15	10	25	30	17	18	15	6
Anzahl klare Tage	8	6	7	10	12	16	17	17	19	15	10	8
teilweise bedeckte Tage	7	7	8	10	10	12	11	11	9	7	8	8
bedeckte Tage	15	15	15	10	9	4	2	2	3	9	12	15

Klimadaten Goblin Valley SP

	J	F	M	A	M	J	J	A	S	O	N	D
Ø Höchsttemperatur	4,5	9,8	15,2	21,0	27,1	33,6	36,9	35,1	29,5	22,0	12,7	5,6
Ø Temperatur	-3,8	1,3	6,5	11,6	17,1	22,7	26,3	24,8	19,1	12,0	3,9	-2,3
Ø Niedrigsttemperatur	-12,1	-7,1	-2,2	2,3	7,1	11,8	15,7	14,5	8,8	1,9	-4,8	-10,3

Klimadaten Moab, Arches NP

	J	F	M	A	M	J	J	A	S	O	N	D
Ø Höchsttemperatur ° C	5,6	11,1	16,7	22,2	28,0	33,9	37,2	35,8	30,8	23,7	14,6	7,2
Ø Temperatur ° C	-1,0	3,7	9,0	13,9	19,0	24,1	27,6	26,5	21,2	14,3	6,8	0,7
Ø Niedrigsttemperatur ° C	-7,7	-3,6	1,2	5,5	10,0	14,2	17,8	17,1	11,6	4,8	-0,8	-5,8
Niederschlag mm	10.6	9.4	19.3	20.2	22.4	11.1	22.0	26.8	18.5	27.9	19.4	10.0
Schneefall mm	99	38	23	5	0	0	0	0	0	0	15	71

Klimadaten Canyonlands NP - Island in the Sky Mesa

	J	F	M	A	M	J	J	A	S	O	N	D
Ø Höchsttemperatur ° C	5,5	9,9	14,8	20,3	28,6	34,6	36,3	34,6	29,7	22,5	12,6	6,0
Ø Temperatur ° C	-1,0	3,0	8,0	13,0	18,0	23,0	27,0	25,0	20,0	13,0	6,0	0,0
Ø Niedrigsttemperatur ° C	-8,2	-4,4	-0,5	4,4	9,3	14,3	18,1	17,6	12,1	5,5	-1,6	-6,6
Niederschlag in mm	8	8	13	10	10	8	10	23	15	18	10	13
Anzahl klare Tage	9	7	9	10	12	17	16	16	18	17	11	10
teilweise bedeckte Tage	8	8	8	9	10	8	10	10	8	7	8	8
bedeckte Tage	14	13	14	11	9	5	5	5	4	7	11	13
% Sonnenschein	56	64	60	68	74	83	77	79	80	75	63	60

Klimadaten Canyonlands NP - Needles District

	J	F	M	A	M	J	J	A	S	O	N	D
Ø Höchsttemperatur ° C	1,7	4,5	8,7	14,5	19,8	26,0	29,0	27,3	23,0	16,5	8,3	2,8
Ø Temperatur ° C	-4,4	-1,8	1,9	6,6	11,5	16,7	20,2	18,9	14,5	8,6	1,8	-3,2
Ø Niedrigsttemperatur ° C	-10,6	-8,2	-4,7	-1,2	3,0	7,3	11,4	10,5	6,0	0,7	-4,7	-9,4
Niederschlag mm	31.5	26.7	27.7	23.2	23.3	14.6	38.4	49.6	38.5	41.7	28.9	31.3

Klimadaten Natural Bridges NM

	J	F	M	A	M	J	J	A	S	O	N	D
Ø Höchsttemperatur	3.6	7.3	11.2	16.6	22.5	28.7	31.6	30.0	25.3	18.6	10.5	4.8
Ø Temperatur	-2.6	0.8	4.3	8.7	14.0	19.6	22.9	21.6	17.1	10.9	3.9	-1.2
Ø Niedrigsttemperatur	-8.8	-5.5	-2.5	0.7	5.5	10.3	14.1	13.1	8.7	3.2	-2.6	-7.3
Ø Niederschlag (mm)	32.7	28.1	25.0	20.8	17.6	11.8	26.7	32.7	31.5	35.2	23.4	30.6
Ø Schneefall mm	274	185	112	48	5,1	0	0	0	0	7,6	84	249

Die Sonnenauf- und -untergangsdaten beziehen sich auf die Mountain Standard Time. Während der Sommerzeit (Daylight Savings Time, erster Sonntag im April bis zum letzten Sonntag im Oktober) müssen Sie eine Stunde addieren. Angegeben sind jeweils oben die Daten für den 1. des Monats und unten für den 15. des Monats. Um die Zeit für umliegende Orte näherungsweise zu bestimmen, müssen Sie, je nach dem ob sie weiter im Westen oder Osten liegen, ein paar Minuten dazugeben bzw. abziehen.
Die Dämmerung beginnt rund 40 Minuten vor Sonnenaufgang und endet ebenfalls rund 40 Minuten nach Sonnenuntergang.

Sonnendaten Zion Canyon, Cedar Breaks NM

	J	F	M	A	M	J	J	A	S	O	N	D
SA	07:46 07:45	07:35 07:21	07:02 06:42	06:17 05:57	05:37 05:23	05:13 05:11	05:16 05:24	05:37 05:49	06:03 06:14	06:28 06:40	06:57 07:12	07:28 07:39
SU	17:25 17:38	17:56 18:11	18:27 18:40	18:55 19:08	19:22 19:34	19:47 19:54	19:56 19:52	19:39 19:23	19:00 18:39	18:14 17:54	17:34 17:22	17:15 17:16

Sonnendaten Coral Pink Sand Dunes SP

	J	F	M	A	M	J	J	A	S	O	N	D
SA	07:44 07:43	07:33 07:19	07:00 06:40	06:15 05:55	05:35 05:22	05:12 05:10	05:14 05:23	05:36 05:47	06:01 06:13	06:26 06:38	06:55 07:09	07:25 07:37
SU	17:24 17:37	17:55 18:10	18:25 18:38	18:53 19:05	19:20 19:32	19:45 19:52	19:54 19:49	19:37 19:21	18:58 18:37	18:13 17:53	17:32 17:20	17:13 17:14

Sonnendaten Snow Canyon SP, Kolob Canyons

	J	F	M	A	M	J	J	A	S	O	N	D
SA	07:48 07:47	07:37 07:23	07:05 06:45	06:20 06:00	05:40 05:26	05:16 05:14	05:18 05:26	05:40 05:51	06:05 06:17	06:30 06:42	06:59 07:13	07:29 07:41
SU	17:28 17:41	18:00 18:15	18:29 18:42	18:57 19:10	19:24 19:36	19:49 19:56	19:58 19:54	19:41 19:26	19:02 18:41	18:17 17:57	17:36 17:24	17:17 17:18

Sonnendaten Bryce Canyon, Cottonwood Canyon Road

	J	F	M	A	M	J	J	A	S	O	N	D
SA	07:43 07:42	07:32 07:17	06:59 06:39	06:13 05:53	05:33 05:19	05:08 05:06	05:11 05:19	05:32 05:44	05:59 06:10	06:24 06:37	06:54 07:08	07:25 07:36
SU	17:21 17:34	17:53 18:08	18:22 18:36	18:51 19:04	19:19 19:31	19:44 19:51	19:53 19:49	19:36 19:20	18:57 18:37	18:11 17:51	17:30 17:17	17:10 17:11

Sonnendaten Rt-12, Torrey, Capitol Reef NP - Fruita Area

	J	F	M	A	M	J	J	A	S	O	N	D
SA	07:42 07:40	07:30 07:15	06:57 06:36	06:11 05:50	05:29 05:15	05:05 05:03	05:07 05:16	05:29 05:41	05:56 06:08	06:22 06:35	06:52 07:07	07:23 07:34
SU	17:18 17:31	17:49 18:05	18:20 18:33	18:49 19:02	19:17 19:29	19:43 19:50	19:52 19:47	19:34 19:18	18:55 18:33	18:08 17:48	17:26 17:14	17:07 17:08

Sonnendaten Goblin Valley SP

	J	F	M	A	M	J	J	A	S	O	N	D
SA	07:31 07:30	07:21 07:08	06:52 06:33	06:09 05:50	05:32 05:19	05:10 05:08	05:13 05:20	05:32 05:43	05:56 06:06	06:18 06:29	06:44 06:58	07:13 07:24
SU	17:22 17:35	17:52 18:06	18:19 18:31	18:44 18:56	19:09 19:20	19:32 19:39	19:41 19:37	19:25 19:11	18:49 18:29	18:06 17:47	17:28 17:17	17:11 17:13

Sonnendaten Moab, Arches NP, Canyonlands NP, Natural Bridges NM

	J	F	M	A	M	J	J	A	S	O	N	D
SA	07:36 07:34	07:24 07:09	06:50 06:29	06:03 05:42	05:21 05:06	04:56 04:53	04:58 05:06	05:20 05:33	05:48 06:00	06:14 06:28	06:45 07:00	07:17 17:29
SU	17:18 17:22	17:41 17:57	18:12 18:26	18:42 18:55	19:10 19:23	19:37 19:44	19:46 19:42	19:28 19:12	18:48 18:26	18:01 17:40	17:18 17:05	16:57 16:58

Vollmonddaten und (Neumonddaten)

	J	F	M	A	M	J	J	A	S	O	N	D
2024	25 (11)	24 (9)	25 (10)	23 (8)	23 (7)	21 (6)	21 (5)	19 (4)	17 (2)	17 (2)	15 (1) (30)	15 (30)
2025	13 (29)	12 (27)	13 (29)	12 (27)	12 (26)	11 (25)	10 (24)	9 (22)	7 (21)	6 (21)	5 (19)	4 (19)
2026	3 (18)	1 (17)	3 (18)	1 (17)	1+31 (16)	29 (14)	29 (14)	27 (12)	26 (10)	25 (10)	24 (8)	23 (8)
2027	22 (7)	20 (6)	22 (8)	20 (6)	20 (6)	18 (4)	18 (3)	17 (2) (31)	15 (29)	15 (29)	13 (27)	12 (27)
2028	11 (26)	10 (25)	10 (25)	9 (24)	8 (24)	6 (22)	6 (21)	5 (20)	3 (18)	3 (17)	2 (16)	1+31 (15)
2029	29 (14)	28 (13)	29 (14)	28 (13)	27 (13)	25 (11)	25 (11)	23 (9)	22 (8)	22 (7)	20 (5)	20 (5)
2030	19 (3)	17 (2)	19 (3)	17 (2)	17 (2) (31)	15 (30)	14 (30)	13 (28)	11 (27)	11 (26)	9 (24)	9 (24)
2031	8 (22)	7 (21)	8 (22)	7 (21)	6 (21)	5 (19)	4 (19)	2 (17)	1+30 (16)	30 (16)	28 (14)	28 (14)
2032	27 (12)	25 (10)	26 (11)	25 (9)	24 (9)	23 (7)	22 (7)	20 (5)	19 (4)	18 (4)	16 (2)	16 (2)
2033	15 (1) (30)	13 (0)	15 (1) (30)	14 (28)	14 (28)	12 (26)	12 (26)	10 (23)	8 (23)	8 (23)	6 (21)	5 (21)
2034	4 (20)	3 (18)	4 (20)	3 (18)	3 (17)	1 (16)	1+30 (15)	29 (13)	27 (12)	27 (12)	25 (10)	25 (10)

Kartenlegende

Die Karten dienen zur Veranschaulichung der Landschaftsformen.
Sie sind nicht dazu geeignet, sich vor Ort im Gelände zu orientieren.
Greifen Sie hierzu bitte auf maßstabsgerechte Karten zurück.

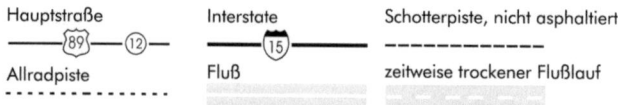

| Hauptstraße | Interstate | Schotterpiste, nicht asphaltiert |
| Allradpiste | Fluß | zeitweise trockener Flußlauf |

Phototechnik

Soweit Belichtungszeiten angegeben sind, gelten sie für eine Empfindlichkeit von 50 ISO.

Alle Brennweitenangaben beziehen sich auf das Kleinbildformat 24x36 mm.

Um die jeweils gemeinte Brennweite für die in der Regel kleineren digitalen Aufnahmeformate zu ermitteln, dividieren Sie die angegebene Brennweite durch den Ihrem Format entsprechenden Faktor:

APS-C (1,4), APS (1,5), 4/3" (1,9), 2/3" (3,9), 1/1,6" (4,2), 1/1,7" (4,6), 1/1,8" (4,8), 1/2,3" (5,6), 1/2,5" (6,0), 1/2,7" (6,5), 1/3,2" (10,2)